中国上市企业无形资产评价年度系列报告

制造业2017

赵志耘　等/著

科学技术文献出版社
SCIENTIFIC AND TECHNICAL DOCUMENTATION PRESS
·北京·

图书在版编目（CIP）数据

中国上市企业无形资产评价年度系列报告：制造业2017 / 赵志耘等著. —北京：科学技术文献出版社，2018. 7

ISBN 978-7-5189-4688-4

Ⅰ. ①中…　Ⅱ. ①赵…　Ⅲ. ①制造工业—上市公司—工业企业管理—无形资产管理—评价—研究报告—中国—2017　Ⅳ. ① F426.4

中国版本图书馆 CIP 数据核字（2018）第 160302 号

中国上市企业无形资产评价年度系列报告——制造业2017

策划编辑：周国臻　　责任编辑：张　红　　责任校对：文　浩　　责任出版：张志平

出 版 者　科学技术文献出版社
地　　址　北京市复兴路15号　邮编 100038
编 务 部　(010) 58882938，58882087（传真）
发 行 部　(010) 58882868，58882870（传真）
邮 购 部　(010) 58882873
官方网址　www.stdp.com.cn
发 行 者　科学技术文献出版社发行　全国各地新华书店经销
印 刷 者　北京地大彩印有限公司
版　　次　2018 年 7 月第 1 版　2018 年 7 月第 1 次印刷
开　　本　710 × 1000　1/16
字　　数　114千
印　　张　10.5
书　　号　ISBN 978-7-5189-4688-4
定　　价　68.00元

《中国上市企业无形资产评价年度系列报告——制造业2017》

撰写人

赵志耘　姚长青　刘志辉　高影繁
崔　笛　郑　明　李　岩　周伊晓

前　言

党的十九大报告明确指出，我国将要加快建设创新型国家，强调“创新是引领发展的第一动力，是建设现代化经济体系的战略支撑”，而“深化科技体制改革，建立以企业为主体、市场为导向、产学研深度融合的技术创新体系，加强对中小企业创新的支持，促进科技成果转化”成为今后政府工作的重点方向。企业正逐渐成为推动中国科技创新和产业转型升级的重要力量。作为国民经济的支柱产业，制造业已成为我国创新驱动新旧动能转换的战略性产业，《国务院关于加快培育和发展战略性新兴产业的决定》提出的七大战略性新兴产业均与制造业有着密切的联系。在目前实施创新驱动发展战略、加速产业转型升级的大背景下，制造业企业的价值创造过程正在由传统的依靠物质资产向依靠智力资本和无形资产转化。为了系统反映企业的创新能力，充分发挥无形资产在制造业转型升级中的作用，有必要对我国制造业的无形资产进行全面的测度和评价，为现代企业治理与战略决策和产业政策的制定提供参考。

本报告从 7 个章节对我国制造业上市企业的无形资产进行评价。第一章为引言部分，主要介绍制造业上市企业无形资产评价的理论基础，以及本报告所使用的研究方法和涉及的研究内容；第二章至第四章从整体、子行业和区域的角度对中国制造业上市企业无形资产进行了分析；第五章从动态视角揭示了无形资产与有形资产的比率变化，以及托宾Q值的变化及其意义；第六章从战略性新兴产业视角展示了不同产业的无形资产状况；第七章则是对本报告研究结论的概括总结。

本报告的撰写是集体智慧的结晶：主要撰写人赵志耘、姚长青、刘志辉、高影繁、崔笛、郑明、李岩来自中国科学技术信息研究所，周伊晓来自澳大利亚科廷大学经济与金融学院。此外，中信所研究生毛一雷、胡小荣、梁娜、魏娟霞参与了部分数据的收集、清洗和整理，厦门大学经济学院李静博士、汕头大学商学院齐震博士对报告进行了认真审评，提出了有价值的修改意见，在此表示衷心的感谢。

由于撰写时间仓促、团队水平有限，报告中出现疏漏甚至错误在所难免，希望广大读者和内业外专家予以批评指正！

目　录

图表目录

第一章　引　言

我国正处于经济增长方式转换和产业结构升级的关键时期，创新是引领发展的第一动力，是现代化经济体系建设的重要战略支撑。企业作为市场经济和技术创新的主体，其创新资源的投入对于企业创新驱动发展战略的实施至关重要。其中，无形资产的投入是企业实施创新的核心环节，是企业创新智力和知识的集中体现，能够代表企业对创新资源的投入水平，对企业创新能力和核心竞争力的提高具有重要意义。制造业是我国国民经济的支柱性产业，也是我国创新驱动新旧动能转换的战略性产业，所以，本报告针对制造业上市企业无形资产投入状况进行评价，可以为制造业企业创新能力的研究提供重要参考依据。

1.1　项目背景

2017 年 10 月 18 日，习近平总书记在十九大报告中共提及“创新”一词超过 50 次，并指出“创新是引领发展的第一动力，是建设现代化经济体系的战略支撑”。加快建设创新型国家，“要瞄准世界科技前沿，强化基础研究，实现前瞻性基础研究、引领性原创成果重大突破”。这充分表明中央政府对实施创新驱动发展战略高度重视。近年来，随着我国创新资源投入持续增加，创新能力已遥遥领先于其他发展中国家，主要表现在自主知识产权的数量和质量快速提升、企业技术创新能力逐步增强等方面。据《国家创新指数报告 2016—2017》[1]显示，中国国家创新指数排名提升至第 17 位，相比上个年度区间上升 1 位，与发达国家的差距进一步缩小，处于第二集团领先位置，但距离美国领衔的 15 个创新型国家第一集团仍有 2 位之差；尤其在创新绩效方面，劳动生产率和单位能源消耗的经济产出与第一集团国家还有很大差距。

党的十八大以来，我国深化科技体制改革，实施创新驱动发展战略，为经济增长释放了巨大的创新能量，使企业在成为市场经济主体的基础上，又逐渐成为技术创新的主体。在 2015 年、2016 年全社会研发经费支出当中，企业占比分别达到了 77% 和 78% 以上。《中国企业创新能力评价报告 2016》[2]显示，我国企业整体创新能力稳步提升，创新优势已逐步由规模向质量转变，少数企业创新能力已进入全球前列，成为中国企业创新发展的领头羊。企业整体创新投入呈现资本深化特征，创新经费呈直线增长，而创新人力投入相对不足；创新产出方面，知识产权质量有所提升，发明专利比例逐年上升，达 38% 以上，PCT 专利申请增加 72. 9% 。《国务院办公厅关于强化企业技术创新主体地位全面提升企业创新能力的意见》中指出，我国“以企业为主体、市场为导向、产学研相结合的技术创新体系建设取得了积极进展，激励企业创新的政策措施逐步完善，企业研发投入的积极性不断提高，研发能力得到增强，重点产业领域取得一批创新成果，为产业升级和结构调整提供了有力支撑”。

制造业是国民经济的支柱产业，是一个国家综合国力和国际竞争力的体现，是立国之本、兴国之器、强国之基。2013 年 4 月，德国政府在汉诺威工业博览会上正式推出“工业 4. 0”战略，旨在提高德国工业竞争力，在新一轮工业革命中抢占先机。2015 年 3 月 5 日，李克强总理在全国两会上作《政府工作报告》时正式提出了“中国制造2025”的宏大计划，树立了到 2025 年使我国迈入制造强国行列的宏伟目标。这是中国政府实施制造强国战略第一个十年的行动纲领，也被称为中国版的“工业 4.0”规划。2017 年，我国 827 122 亿元的 GDP 中，制造业为 242 707 亿元，是中国经济的第一大产业，也是维系着中国发展的命脉产业，占中国经济比例为 29.34%，制造业现在是，甚至将长期是中国经济的中流砥柱。

在推进供给侧结构性改革、加快制造业转型升级的大背景下，制造业企业的价值创造过程正在由传统的依靠物质资产向依靠智力资本和无形资产转化。无形资产的存在具有重要的作用，制造业企业都需要支出信息化费用、车间厂房的土地使用费、专利费用、研究开发费和一定的管理费用来支持企业的生产运营和盈利。因此，分析制造业企业的无形资产对于研究该类企业的创新能力、转型升级和结构调整都具有重要的参考价值。

1.2 无形资产发展趋势及特点

企业资产按有无实物形态进行分类，可以分为有形资产和无形资产，无形资产相对于有形资产，是指企业拥有或者控制的没有实物形态的可辨认非货币性资产。企业的核心竞争力是一个企业能够长期获得竞争优势的能力，企业有没有自己独特的、区别于其他企业的无形资产，是企业核心竞争力的重要标志，发展无形资产是企业获得持久竞争优势的关键。越来越多的研究指出，无形资产是企业创新的核心环节，是企业创新智力和知识的集中体现，能够代表企业的自主创新能力。本报告的目标是透过其无形资产状况来洞察上市企业这一特定群体的科技创新现状，进而从该视角反映上市企业的创新力与竞争力。

中国企业的无形资产在全球处于什么样的水平？从投入产出表（数据来源：国家统计局）中全国无形资产与有形资产的比值变化趋势可以看出：伴随着中国经济的快速增长，无形资产与有形资产的比值大幅上升，然而，与先进经济体相比，中国的无形资产的使用强度仍然相对较低，在这方面未来有很多的追赶空间。2007 年，日本、美国和英国的无形资产与有形资产的比值分别是 17%、22% 和 24%。我国无形资产与有形资产的比值变化如图 1 - 1 所示。

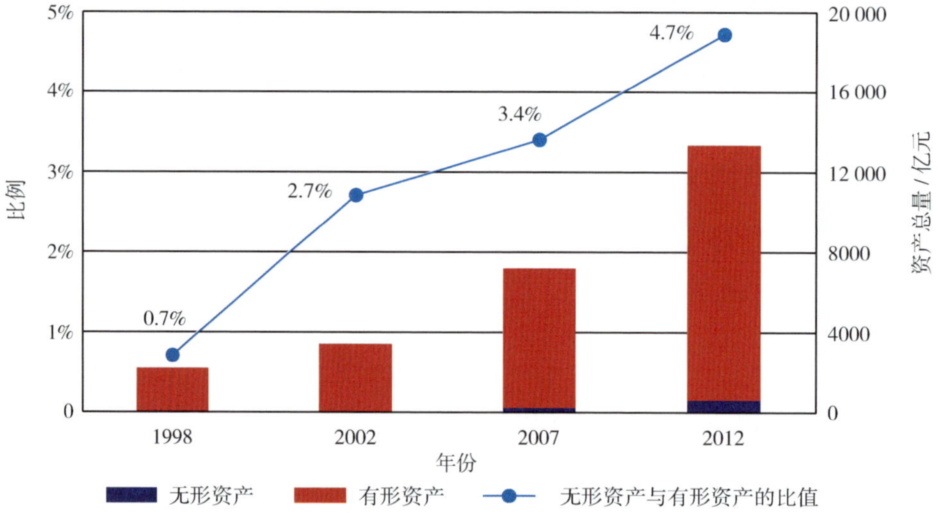

图 1 - 1　1998—2012 年中国企业无形资产与有形资产分布情况

1.3　无形资产与企业绩效

（1）托宾 Q 理论

托宾 Q 理论是由诺贝尔经济学奖获得者詹姆斯·托宾（James Tobin）于 1969 年提出的。詹姆斯·托宾把托宾 Q 定义为企业的市场价值与资本重置成本之比[3]。它的经济含义是比较作为经济主体的企业的市场价值是否大于给企业带来现金流量的资本的成本。托宾 Q 可以反映股票市场对于公司未来利润的预期，并对公司投资产生影响。根据这一原理，当股票价格上扬时，托宾 Q 值会随之增加，企业将会更多地在资本市场上发行股票来进行融资，投资新设备也将会增加，从而带来产出的增加。

（2）托宾 Q 与无形资产

标准的托宾 Q 的定义是

$$Q_{it}^{C} = \frac{V_{it}}{(1-\delta_{Kt})K_{it}}, \tag{1-1}$$

式（1－1）中，δ_{Kt}表示资本折旧，i 表示某个企业，t 表示某年，V_{it}表示企业市值，K_{it}表示有形资产。但是标准的托宾 Q 忽略了无形资产，所以应定义一个新的托宾 Q

$$Q_{it}^{R} = \frac{V_{it}}{1-\delta_{Kt}\ \ K_{it} + (1-\delta_{Nt})\ N_{it}}, \tag{1-2}$$

式（1－2）中，δ_{Nt}表示无形资产折旧，N_{it}表示无形资产。

由于上市企业的重置成本难以获取，在计算中也有采用上市企业年末的总资产来替代。债务资本的市场价值采用账面的短期负债和长期负债的合计数来计算；由于中国上市企业存在流通股和非流通股，所以股票的总市值等于流通市值加上非流通股份的价值。非流通股份的价值由于没有完全市场化的数据，只能采用非流通股份占年末净资产的金额计算[4－5]。

所以，我国上市企业传统托宾 Q 值的计算公式[20]如下：

$$\text{传统 Tobin's}Q = \frac{\text{每股股价}\times\text{股数}+\text{长期负债}+\text{流动负债合计}-\text{流动资产合计}}{\text{资产合计}-\text{会计准则下的无形资产}}。 \tag{1-3}$$

在式（1－3）中，资产合计减去会计准则下的无形资产即为有形资产值，本报告加入无形资产元素后的新托宾 Q 值计算公式见式（1－4）：

$$\text{新 Tobin's}Q=\frac{\text{每股股价}\times\text{股数}+\text{长期负债}+\text{流动负债合计}-\text{流动资产合计}}{\text{资产合计}-\text{会计准则下的无形资产}+\text{本报告计算的无形资产}}。\tag{1-4}$$

根据托宾的理论，托宾 Q 值应该等于 1。如果只考虑有形资产而忽略了无形资产，则计算得到的托宾 Q 值是大于 1 的，考虑无形资产后托宾 Q 值应近似为 1。所以，可以通过比较新托宾 Q 值与传统托宾 Q 值的差异来审视无形资产对企业市场价值的影响。

（3）无形资产对企业绩效评价的影响

在 20 世纪 90 年代，诸如亚马逊、Google 等 IT 变革下的公司发展迅猛。这些公司有几个特征：开发新软件、投资人力资本和形成了能够快速制定决策的组织结构[6]。由于这些公司的成功，经济学家们将注意力集中到了无形资产在企业绩效和公司价值中所起的作用上来。

Hall 指出[7]，美国市场的托宾 Q 值持续超过 1[3]，他认为这些调整成本被累积为一个公司的无形资产，托宾 Q 和 1 之间的缺口就被解释为无形资产。为了检测 Hall 的命题，Brynjolfsson 等[8]使用非 IT 资本和 IT 资本来估计公司价值，结果发现：IT 资本的系数比非 IT 资本的系数高很多，他们认为这些大系数是受无形资产影响。Cummins[9]和 Miyagawa 等[10]不仅采用 IT 资本和非 IT 资本，而且采用 R&D 资本和广告资本来估计公司价值。Lev 等[11]将一部分销售费用、一般和管理支出作为组织资本，使用组织资本估算市值和账面价值的差异，他们发现组织资本为公司市值的提升做出了贡献。Hulten 等[12]用 R&D 资本和从销售、一般和管理支出中度量的组织资本来估算制药公司的市值，结果表明：所有这些类型的无形资产都对提高公司市值发挥了作用。Abowd 等[13]构建其度量方案时考虑了雇主－雇员数据库的人力资本质量，他们采用人力资本质量测度来评估公司市值（数据来源：Compustat 数据库），结果发现：他们的测度与公司市值正相关。Bloom 等[14]考虑了组织管理和人力资源管理因素来构建自己的管理分值，结果显示：这个管理分值与托宾 Q 正相关。Görzig 等[15]通过估算 IT 的人工成本份额、R&D、管理和市场雇员来度量无形资产，他们发现一旦考虑了无形资产，资本收益率的离差就会剧烈降低。Corrado 等[16]采用软件投资、人力资本投资和组织机构变革等要素来度量综合的无形资产，研究结果表明：无形资产对美国经济增长意义重大。日本独立法人经济、贸易与产业研究所 RIETI 在 2013 年 6 月发表的系列研究论文[17]中采用日本上市企业数据的经验分析，度量了日本上市企业的无形资产，结果表明：无形资产与企业市值正相关，更多无形资产的累计提高了企业的市值，政府应该采取刺激投资的策略，改变日本的产业结构。

国内研究者对无形资产的研究也主要集中在无形资产对企业经营绩效的影响上。与无形资产分类相对应，研究者们通常利用上市企业年报财务报表中的无形资产数值及无形资产附注信息，来判定不同类别无形资产对企业经营业绩的影响[18-19]，以无形资产同企业主营业务利润的相关性分析作为常用的分析手段。从无形资产的研究现状上看，国内外学者在基于无形资产的企业绩效评估方面积累了比较丰富的研究成果，差异在于国内的研究者多数还是直接采用会计准则下的企业财务无形资产数据，而国外的研究者已经扩展了无形资产的数据来源，如将“职工培训费用”“董事会薪酬”等纳入无形资产范畴，对无形资产的描述更加丰富和准确。此外，国外学者从托宾 Q 的角度来分析无形资产对企业市值的影响，在这个框架下的无形资产与企业绩效关联性的研究更有说服力。

（4）我国现行会计准则中无形资产存在的不足

财政部出版的《企业会计准则——无形资产》一书中将无形资产定义为："企业为生产商品、提供劳务、出租给他人，或为管理目的而持有的、没有实物形态的非货币性长期资产。"[20]随着传统工业经济逐步向知识经济转变，我国的经济规模与结构都发生了重大变化，无形资产准则却未有大的修订，王斯松[21]、罗斌[22]、杨艳尊[23]等学者对我国现行无形资产准则进行研究，并指出了其中存在的问题。

1）无形资产确认的范围过窄

这是我国会计学者普遍公认的问题。现行会计准则将无形资产定义为"企业拥有或控制的并且没有实物形态的可辨认的非货币性资产"，按照规定，会计实务中对无形资产的确认仅包括专利权、商标权、非专利技术、土地使用权、特许权、著作权 6 项。准则将是否符合无形资产定义作为判断某个项目是否为无形资产的首要标准，这种规定限制了无形资产的确认范围。例如，在知识经济时代，企业文化、人力资源、品牌价值等对企业来说具有越来越高的价值，而我国现行无形资产会计并没有将其列入无形资产的确认范围。此外，无论是美国会计准则还是国际会计准则，他们的无形资产确认范围都比我国企业会计准则的规定更为广泛。

2）开发支出与研发支出在会计实务中界限模糊，且操作性不强

我国现行会计准则要求企业对内部自行研发的无形资产进行确认，将研发划分为研究阶段和开发阶段，要求研究阶段的支出在发生时计入当期损益，开发阶段需要满足准则中所列出的 5 个条件才能将该阶段的支出计入无形资产，否则应当费用化并计入当期损益。而准则对于两个阶段的划分没有给出明确的规定。因此，不同从业人员可能会

根据自身的职业判断给出不同的结果；且5个条件的合理判断存在难度，会产生主观差异，在客观上也会给会计人员进行盈余管理提供一定的操作空间，存在被企业利用以隐藏利润的隐患。

3）商誉与无形资产的关系界定

目前，国际准则、美国准则、我国会计准则都把商誉从无形资产中剥离出去，单独作为一项资产列示在资产负债表中。我国对于商誉的定义是“企业合并成本大于合并中取得的被购买方可辨认净资产公允价值份额的差额”，而实际上，企业在实施并购时付出的对价超过被购买方可辨认净资产公允价值份额的部分，杨艳尊等[23]认为这部分内容不仅包括商誉，还包含企业的一部分无形资产。因此，不能简单将其归类为商誉，而应该将商誉中属于无形资产的部分分离出来，同时增加到无形资产的确认范围。

1.4　研究方法

本报告借鉴参考文献[17]中的分类方法，将无形资产分为以下三类：

① 信息化能力（Computerized Information），具体包括定制软件投资、套装软件投资、自有软件投资3种软件投资；

② 创新资产（Innovative Property），具体包括科学和工业研发投入、采矿、版权和技术购买花费、其他产品开发、设计和研究花费；

③ 经济竞争力（Economic Competencies），具体包括品牌价值、企业特定人力资本（Firm Specific Human Capital）、组织资本（Organizational Capital）。

本报告依据上述无形资产的分类方法，综合国内外相关文献对无形资产要素的计量方案，进一步细化无形资产的分类测度要素。与无形资产分类对应的测度要素见表 1－1。

表 1－1　三类无形资产的测度要素

无形资产类别	测度要素
信息化能力	软件费
创新资产	研究开发费、专利及专有技术、采矿权、特许权、土地权
经济竞争力	广告费、商标费、职工教育经费、董事会薪酬（原始董事会薪酬数据的 9%）、董事会费、管理销售费用

提取每个变量，每一年每一个企业根据无形资产的 3 个分类分别汇总，这样就得到了每个企业每种无形资产的值；再对 3 类无形资产值求和，就得到了总的无形资产的值。值得注意的是，董事会费在求和之前，需加上系数 0.09（假设董事会成员薪酬的 9% 用来做组织资本）。然后，采用永续盘存法计算无形资产存量，以上只是每年无形资产的投资。对每个企业，每年的无形资产存量等于上年的存量乘以（1－折旧率），加上当年的无形资产投资，以下方程左边是每年无形资产的存量，其中，0.315、0.15 和 0.4 分别是每类无形资产的折旧值（经验值）。

当年第一类无形资产存量 = 当年第一类无形资产投资 + （1 － 0.315） × 上年第一类无形资产存量；　（1－5）

当年第二类无形资产存量 = 当年第二类无形资产投资 + （1 － 0.15） × 上年第二类无形资产存量；　（1－6）

当年第三类无形资产存量 = 当年第三类无形资产投资 + （1 － 0.4） × 上年第三类无形资产存量。　（1－7）

1.5 研究内容

从上述分析中可以看出：无形资产与企业绩效极具关联性，而企业创新是企业绩效的重要表征，因此本报告选择以无形资产为切入点分析各行业的创新能力。另外，与其他行业相比，技术强国的优势在制造业体现得最为充分，且制造业国际竞争力对于我国对外贸易的表现尤其重要，所以“中国上市企业无形资产系列报告”的第一本将制造业作为分析对象，同时也与“中国制造 2025”的国家战略相呼应。今后将陆续推出一系列其他行业无形资产的分析报告。

在分析对象上，本报告选择了中国国内 A 股上市企业。首先，上市企业作为国家经济发展的重要力量，其技术创新力不仅影响着企业本身的发展壮大和行业经济的命脉，也关系到投资者的切身利益；其次，中国上市企业年报每年定期向全社会公开发布，数据易于获取。本报告的数据来源为中国科学技术信息研究所自主加工的上市企业年报数据库（简称 ISTIC 年报数据库），分析年限区间为 2015—2017 年。根据证监会行业分类，制造业共包含 29 个子行业，涉及 A 股上市企业 2045 家（截至 2017 年 4 月）。

本报告共包括 7 个章节和附录部分。报告从研究内容上可分为两个部分：第一部分从制造业子行业和区域的角度展示中国制造业上市企业无形资产的总体情况，对应报告的第二章至第四章；第二部分主要分为三章，其中第五章从无形资产与有形资产的比值变化及托宾 Q 值变化的角度进行分析，第六章概览了战略性新兴产业的无形资产状况，第七章则是对全部报告内容进行总结。本报告的附录部分列出了正文中所有图片所对应的数据，以及各子行业上市企业的无形资产排名。

第二章　制造业上市企业无形资产概况

2.1　上市企业无形资产的行业分布

样本数据的统计分析结果表明，各行业门类无形资产总量持续增长，制造业上升态势最为明显。近 3 年（2015—2017 年）证监会各行业门类无形资产总量均呈现增长态势，如图 2－1 所示。

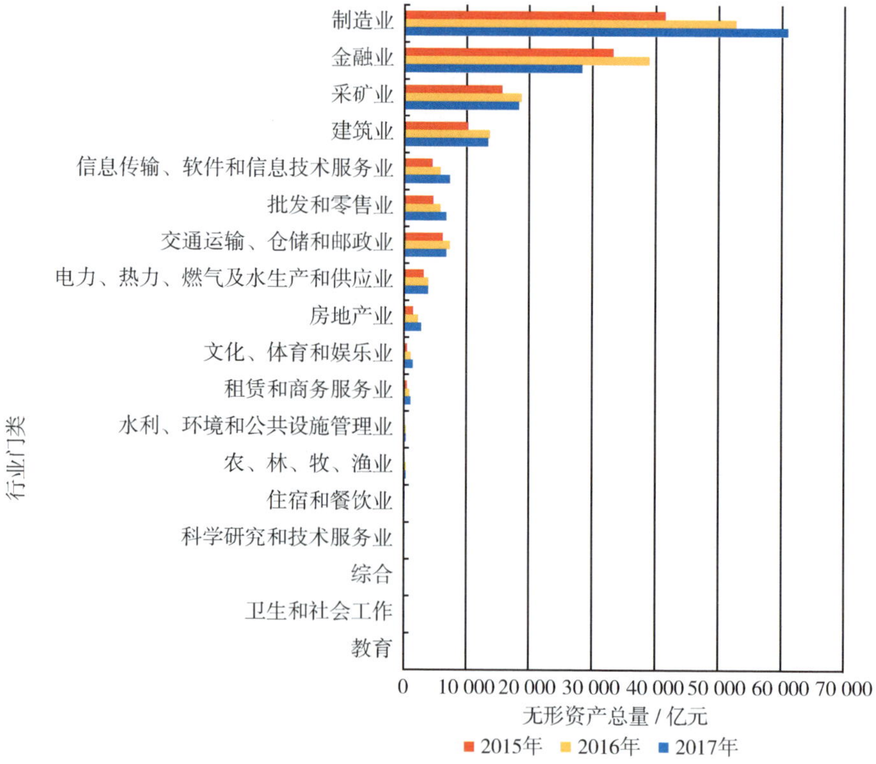

图 2－1　2015—2017 年各行业门类无形资产总量变化

制造业在证监会各行业门类中无形资产总量的比例从2015年、2016年的32.73%、33.51%增至2017年的38.59%，如图2-2至

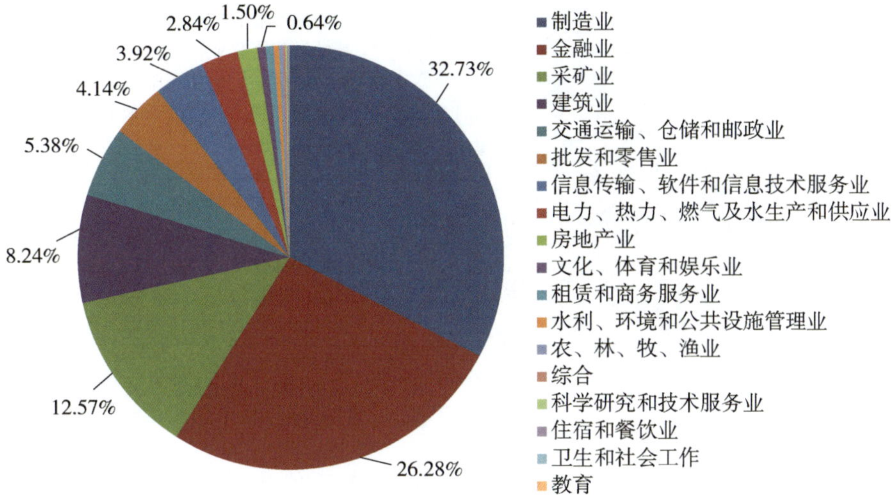

图2-2　行业门类上市企业2015年无形资产总量分布①

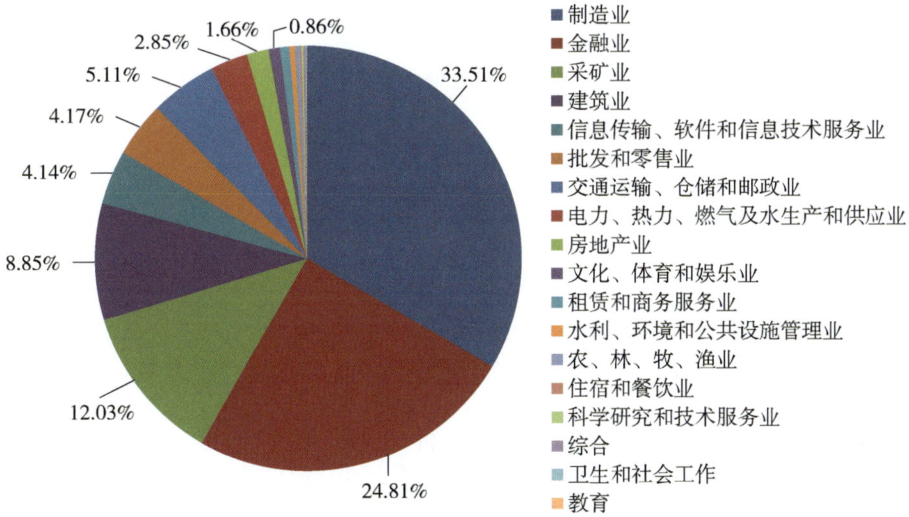

图2-3　行业门类上市企业2016年无形资产总量分布

① 表2-2至表2-4中，由于一些行业所占比例过小，图中未列出其具体数值。

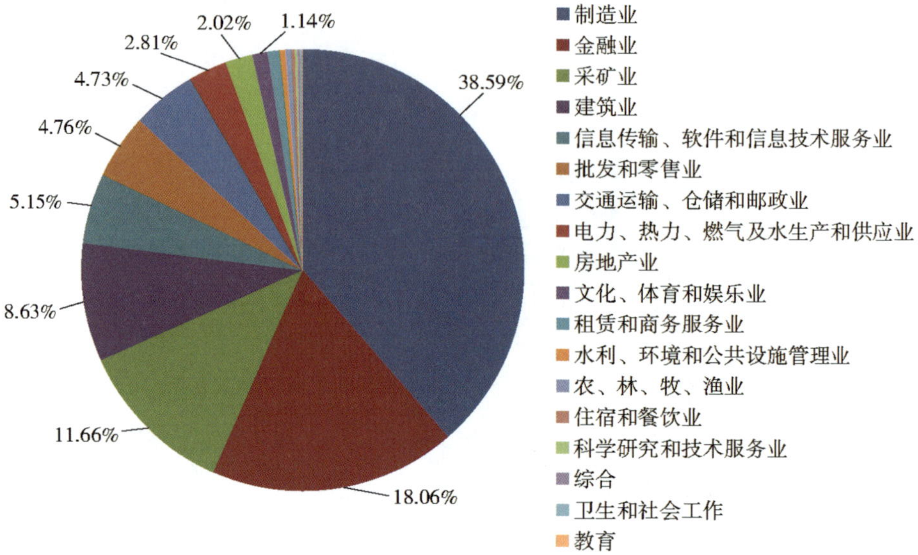

图 2－4　行业门类上市企业 2017 年无形资产总量分布

图 2－4 所示（具体数据见附录 A 中表 A－1）。2017 年，制造业的无形资产总量比排在第 2 位至第 4 位的金融业、采矿业和建筑业的总和还多，相比 2015 年、2016 年上升态势显著。

2.2　制造业上市企业无形资产的子行业分布

（1）子行业无形资产分布的洛伦兹曲线

根据证监会行业分类，制造业共包含 29 个子行业（具体数据见附录 A 中表 A－2），涉及 A 股上市企业 2045 家（截至 2017 年 4 月）。本报告采用洛伦兹曲线测度 2017 年度制造业各子行业无形资产总量分布的不均匀程度，如图 2－5 所示，其中横轴和纵轴的意义如下：

横轴：制造业各子行业按无形资产总量从小到大、从左到右排列；

纵轴：$\frac{\text{某子行业及其左侧点的无形资产数量的和}}{\text{制造业所有子行业无形资产数量的和}}$。

洛伦兹曲线的弯曲程度有重要意义，弯曲程度越大，表明分布越不均匀。图 2 –5 中制造业各子行业无形资产总量的洛伦兹曲线显示出各子行业无形资产总量分布很不均匀。

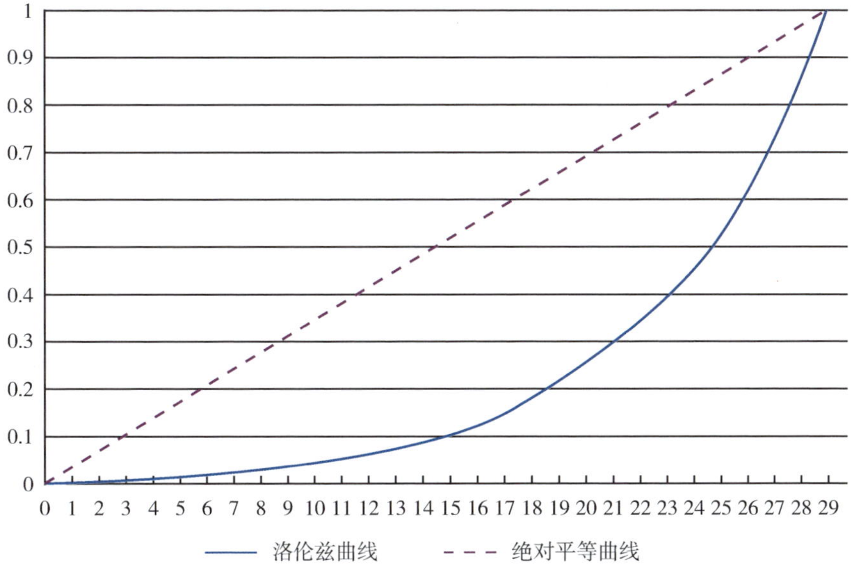

图 2 –5　2017 年度制造业各子行业无形资产总量分布洛伦兹曲线

（2）子行业无形资产的极值分布

制造业各子行业内的上市企业无形资产差异表现非常明显，图 2 –6分别显示了各子行业内上市企业无形资产的最大值、均值、中位线（具体数据见附录 A 中表 A –2）。均值的计算方法是子行业内全部上市企业无形资产总量除以子行业内上市企业数量；中位线表示子行业内无形资产值为中位数的上市企业。

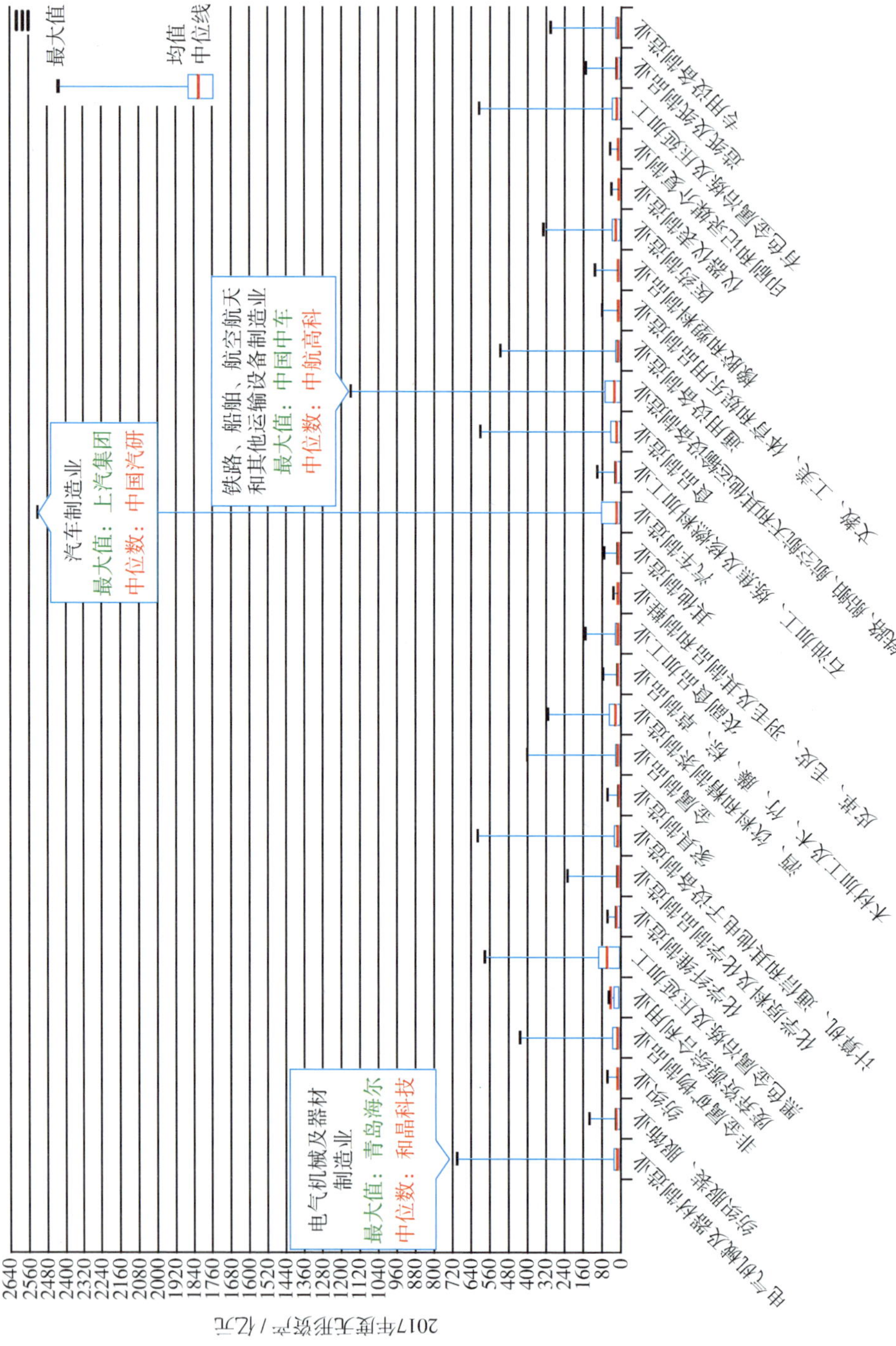

图2-6　制造业各子行业内上市企业无形资产值箱式图

汽车制造业，铁路、船舶、航空航天和其他运输设备制造业，电器机械及器材制造业这3个子行业内无形资产数量最大企业与中位线企业的差距最为明显；汽车制造业的“上汽集团”，铁路、船舶、航空航天和其他运输设备制造业的“中国中车”，电器机械及器材制造业的“青岛海尔”，这些上市企业所拥有的无形资产数量远远超过子行业均值及中位线企业的无形资产数量。

2.3　制造业上市企业无形资产的区域分布

（1）制造业无形资产区域分布的洛伦兹曲线

本报告继续采用洛伦兹曲线测度按地区（包括省、自治区、直辖市，以下统称地区）计量的制造业上市企业无形资产的分布情况，如图2－7所示（具体数据见附录A中表A－3），其中横轴和纵轴的意义如下：

横轴：按地区计量的制造业上市企业无形资产从小到大、从左到右排列；

纵轴：$\frac{\text{某地区及其左侧点的无形资产总和}}{\text{所有地区制造业上市企业无形资产总和}}$。

按地区计量的制造业上市企业无形资产的洛伦兹曲线显示出各地区无形资产分布不均匀程度明显。

（2）制造业无形资产的区域极值

各地区上市企业无形资产值差异明显，图2－8分别显示了各地区制造业上市企业无形资产的最大值、均值、中位线（具体数据见附录A中表A－3）。均值的计算方法是某地区内全部上市企业无形资产总量除以该地区的上市企业数量；中位线表示某地区内无形资产值为中

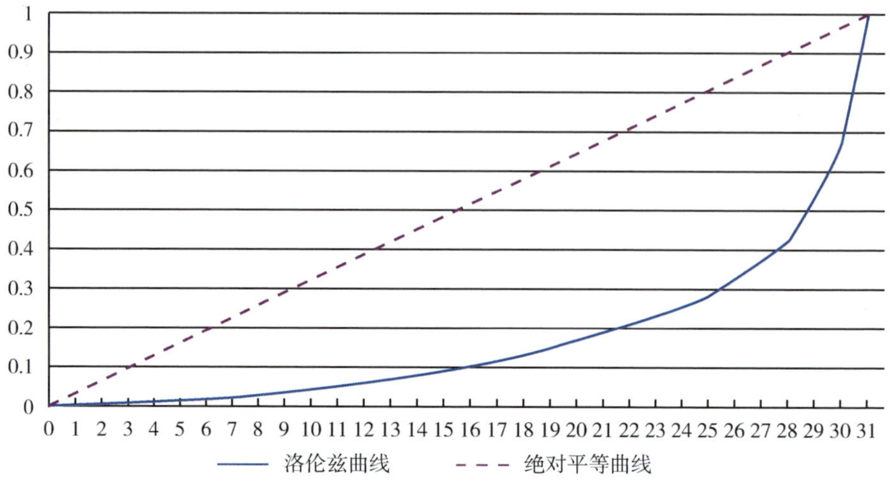

图 2-7　按地区计量的制造业上市企业无形资产洛伦兹曲线

位数的上市企业。

上海市、北京市、山东省 3 个地区无形资产数量最大企业与中位线企业的差距最为明显；上海市的“上汽集团”、北京市的“中国中车”、山东省的“潍柴动力”，这些上市企业所拥有的无形资产数量远远超过省份内中位线企业的无形资产数量及省份内所有上市企业无形资产的均值。

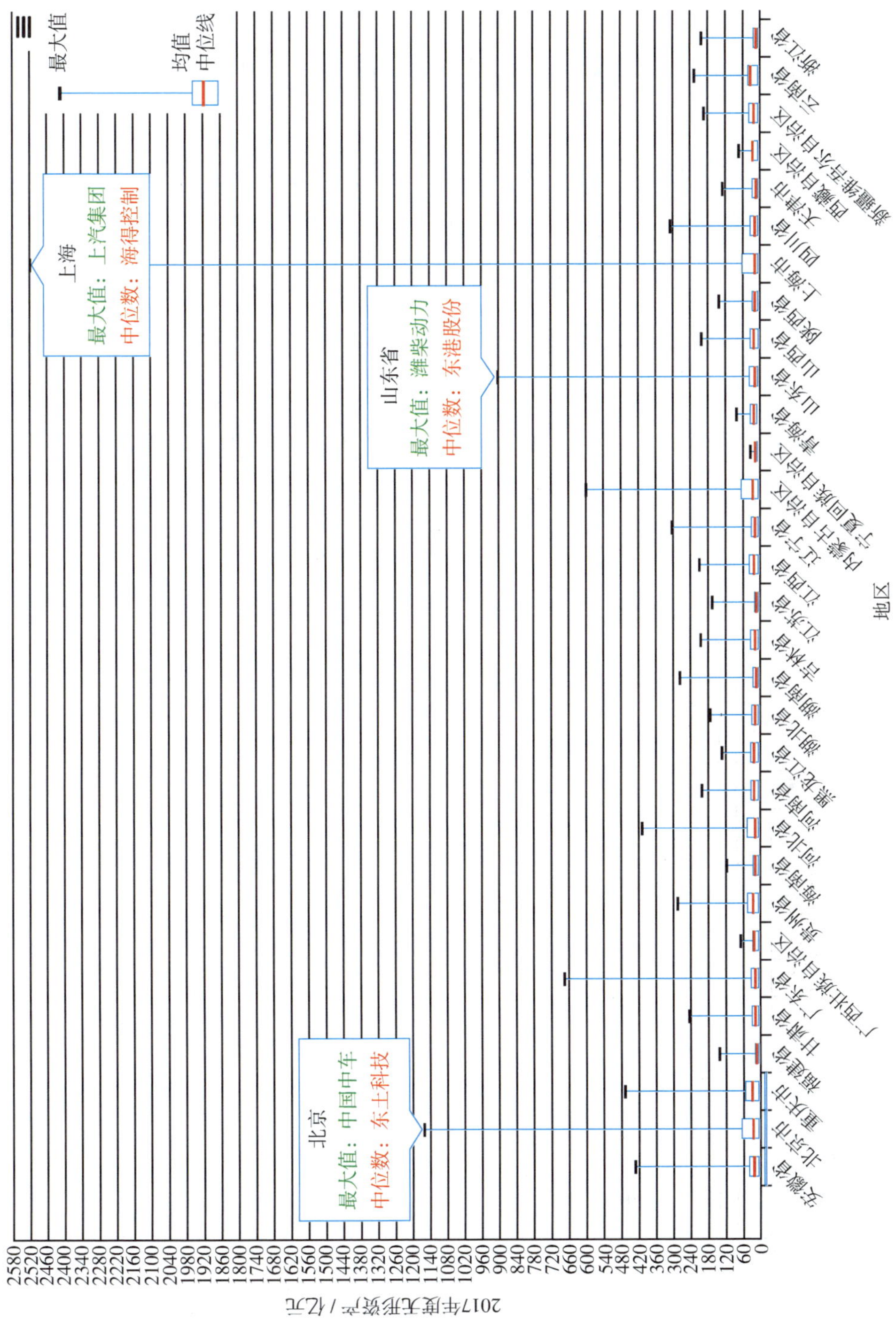

图2-8　各地区制造业上市企业无形资产值箱式图

2.4 制造业上市企业无形资产的城市分布

将上市企业按照注册地所在的城市进行划分，计算各城市内上市企业的无形资产总量，无形资产城市分布热力地图见图2－9（具体数值见附录A中表A－4）。蓝色系的背景代表某城市的无形资产总量，颜色越深代表该城市的无形资产总量越大；红色的点代表该城市的无形资产均值，点的直径越大代表该城市的无形资产均值越大。

图2－9的制造业上市企业无形资产城市分布热力地图显示：我国中东部地区城市的无形资产总量和均值高于西部城市和东北地区城市；环渤海、长三角、成渝城市群、珠三角等区域城市的无形资产总量和均值较高。制造业上市企业无形资产的城市分布特征明显。

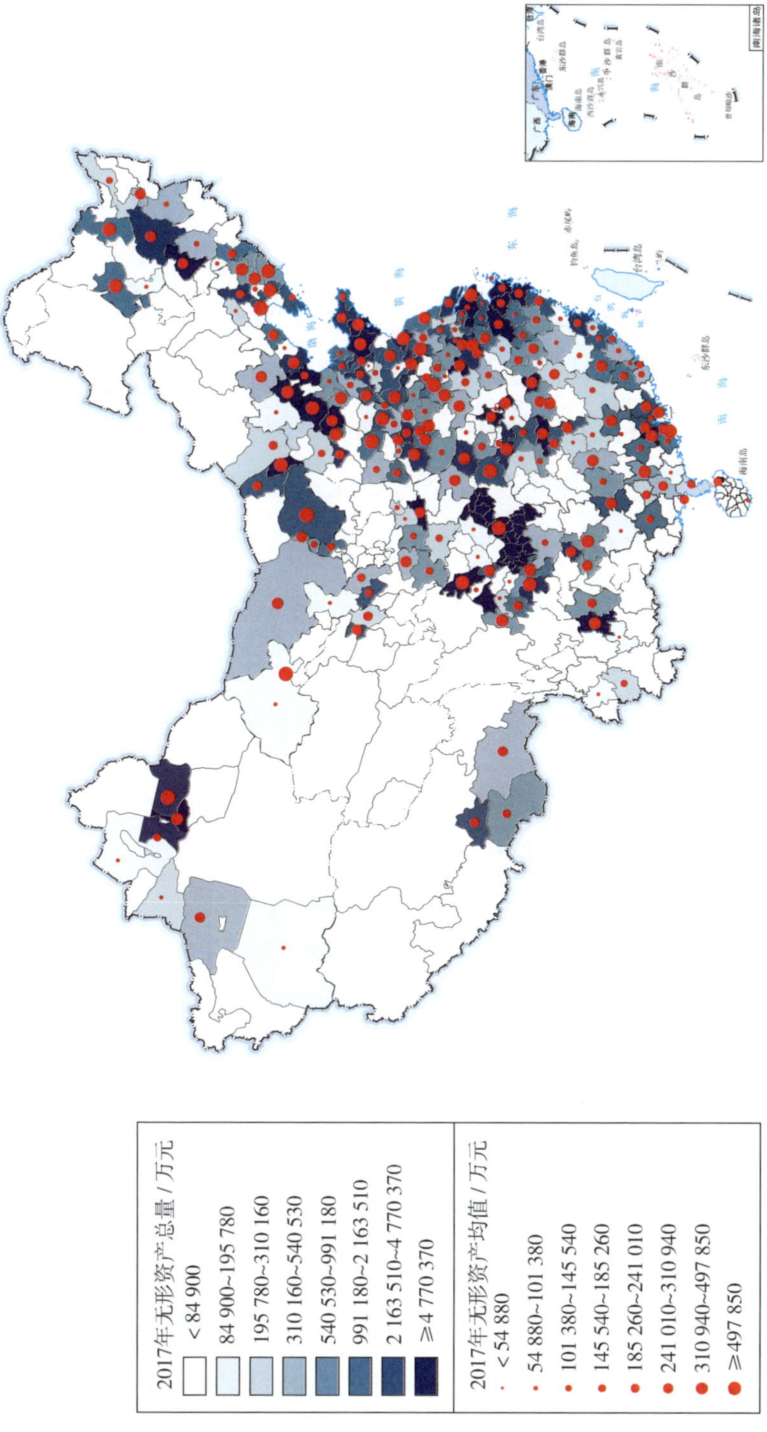

图2-9　制造业上市企业无形资产城市分布热力地图

2.5 制造业上市企业无形资产排名

对2017年度制造业所有子行业所属的上市企业进行无形资产总量排名，Top 10结果如图2－10所示（具体数值见附录A中表A－5）。图2－11显示，2017年度制造业排名前10位的上市企业所拥有的无形资产总量占制造业全行业无形资产总量的14.72%。在10个席位中，汽车制造业的3席总占比6.69%，分别为“上汽集团”“潍柴动力”“比亚迪”，其中“上汽集团”以全行业4.12%的占比高居榜首；电气机械及器材制造业占据2席，分别为“青岛海尔”和“格力电器”；铁路、船舶、航空航天和其他运输设备制造业的“中国中车”以1.90%的占比夺得榜眼；此外，“中兴通讯”“中国铝业”“伊利股份”和“宝钢股份”也都在各自所属子行业中处于领先。

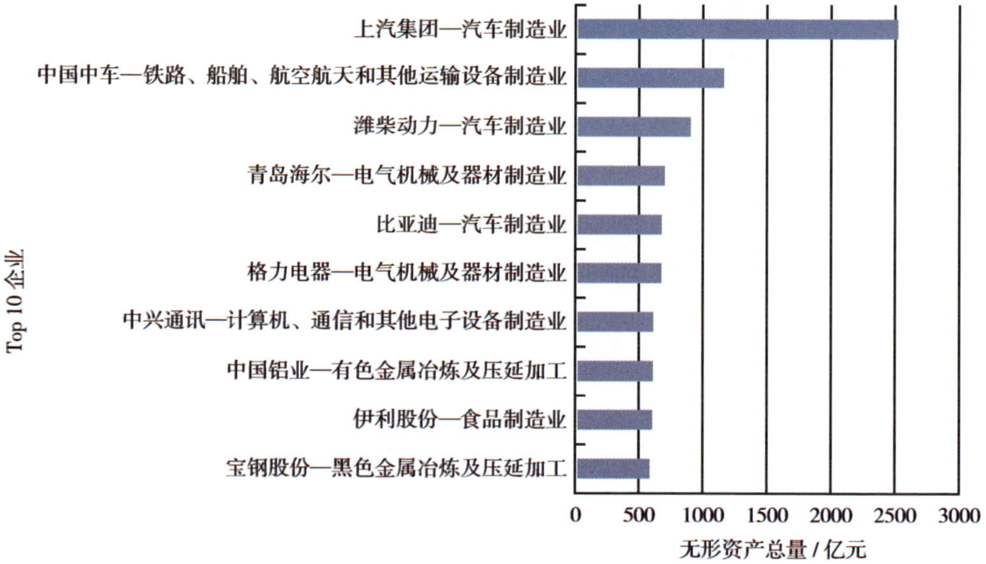

图2－10　制造业2017年无形资产总量排名Top 10企业

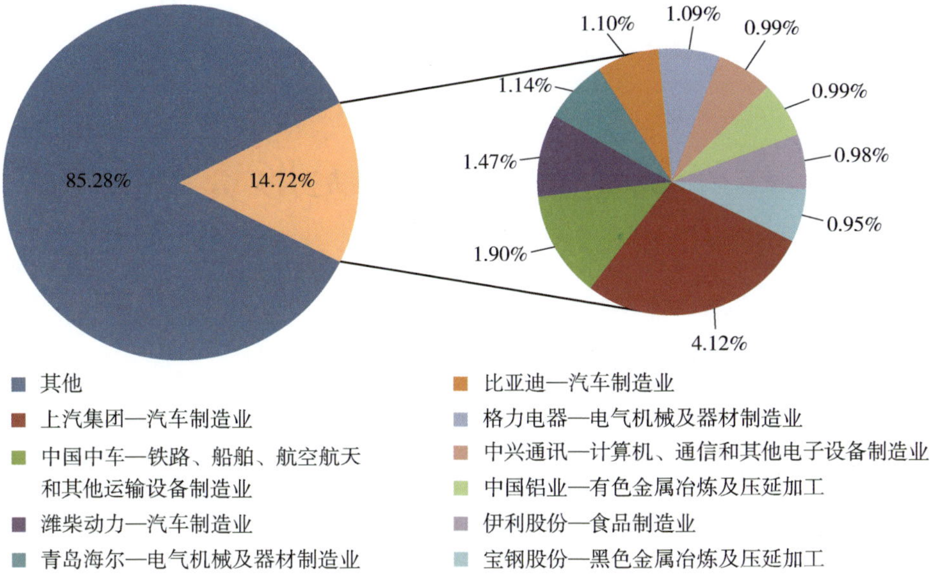

图 2－11　国内制造业 2017 年无形资产总量排名 Top 10 企业无形资产占比

第三章　制造业子行业无形资产分析

3.1　子行业上市企业数量统计

证监会分类体系下制造业共包含29个子行业，子行业名称及相应的上市企业数量见表3－1。本节将从制造业子行业无形资产总量、均值和中位数，以及无形资产的3个类别等角度对制造业企业的无形资产现状进行分析。制造业按子行业的上市企业无形资产排名见附录B（表B－1至表B－29）。

表3－1　制造业子行业名称及所包含上市企业数量　　单位：家

子行业名称	上市企业数量	子行业名称	上市企业数量
计算机、通信和其他电子设备制造业	296	铁路、船舶、航空航天和其他运输设备制造业	40
化学原料及化学制品制造业	211	食品制造业	39
电气机械及器材制造业	203	纺织服装、服饰业	35
医药制造业	192	黑色金属冶炼及压延加工	31
专用设备制造业	188	造纸及纸制品业	27
通用设备制造业	119	化学纤维制造业	21

续表

子行业名称	上市企业数量	子行业名称	上市企业数量
汽车制造业	110	家具制造业	18
非金属矿物制品业	81	其他制造业	18
橡胶和塑料制品业	65	石油加工、炼焦及核燃料加工业	17
有色金属冶炼及压延加工	63	文教、工美、体育和娱乐用品制造业	12
金属制品业	55	印刷和记录媒介复制业	11
农副食品加工业	45	皮革、毛皮、羽毛及其制品和制鞋业	9
仪器仪表制造业	45	木材加工及木、竹、藤、棕、草制品业	8
酒、饮料和精制茶制造业	41	废弃资源综合利用业	5
纺织业	40		

3.2　子行业无形资产分布统计

（1）子行业无形资产总量统计

2017 年度制造业各子行业无形资产总量分布柱状图见图 3－1。“汽车制造业”“计算机、通信和其他电子设备制造业”“医药制造业”3 个行业居制造业各子行业无形资产总量的前 3 位，各子行业无形资产总量数值见附录 A 中表 A－2。

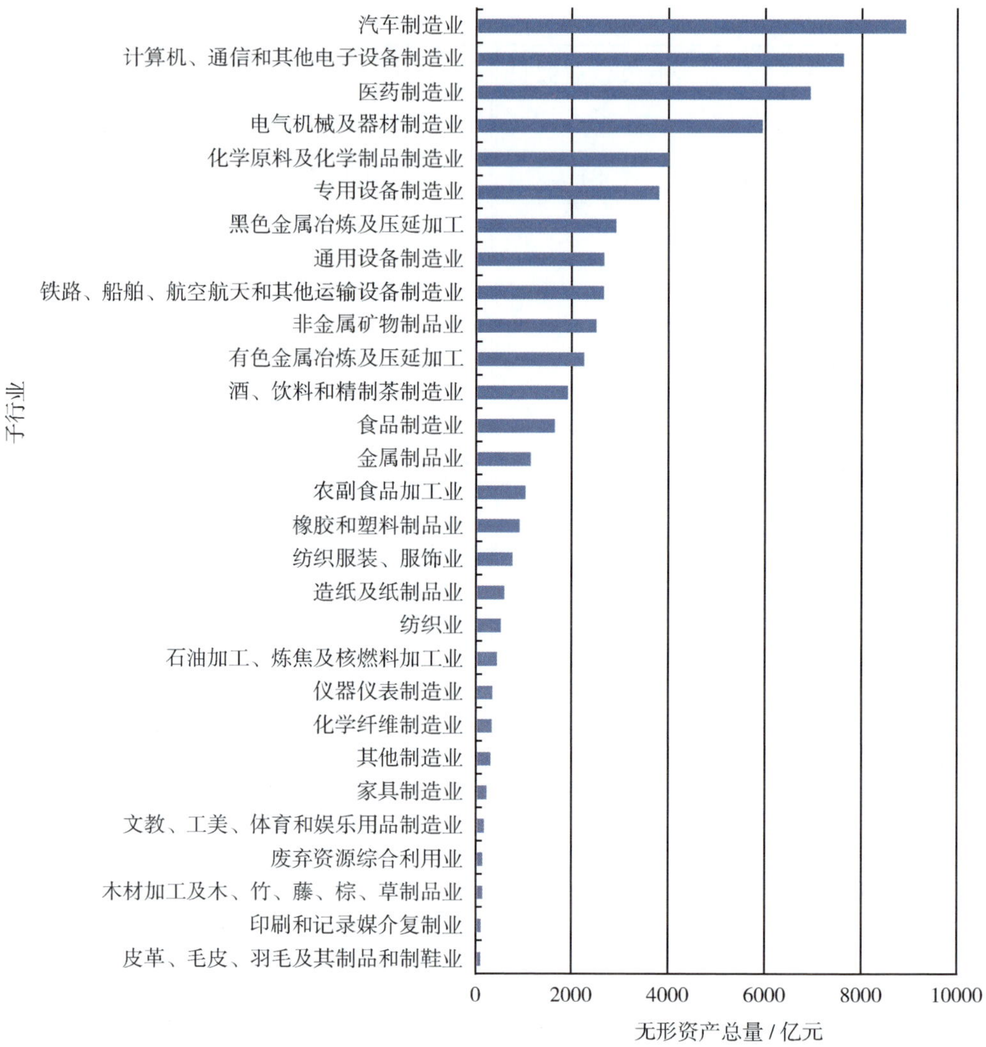

图 3－1　制造业各子行业 2017 年度无形资产总量分布

（2）子行业无形资产均值和中位数

为了消除规模体量对制造业子行业无形资产计量的影响，本报告从无形资产均值和中位企业的角度对制造业子行业的无形资产分布情况进行分析。均值的计算方法是子行业内全部上市企业无形资产总量除以子行业内上市企业的数量。如图 3－2 所示的雷达图，其中红色线代表无形资产均值。“黑色金属冶炼及压延加工”“汽车制造业”“铁路、船舶、航空航天和其他运输设备制造业”居制造业各子行业无形资产均值的前3位；在无形资产总量上排名靠前的“计算机、通信和其他电子设备制造业”“医药制造业”由于行业内上市企业数量较多，拖累了均值。

图3－2中的蓝色线代表无形资产中位数。中位数企业指的是无形资产值为各子行业内上市企业无形资产中位数的上市企业，该指标可以避免子行业内由于某个或某几个企业无形资产值过高而提高行业均值的情况。图3－2显示，“黑色金属冶炼及压延加工”“废弃资源综合利用业”“铁路、船舶、航空航天和其他运输设备制造业”3个行业

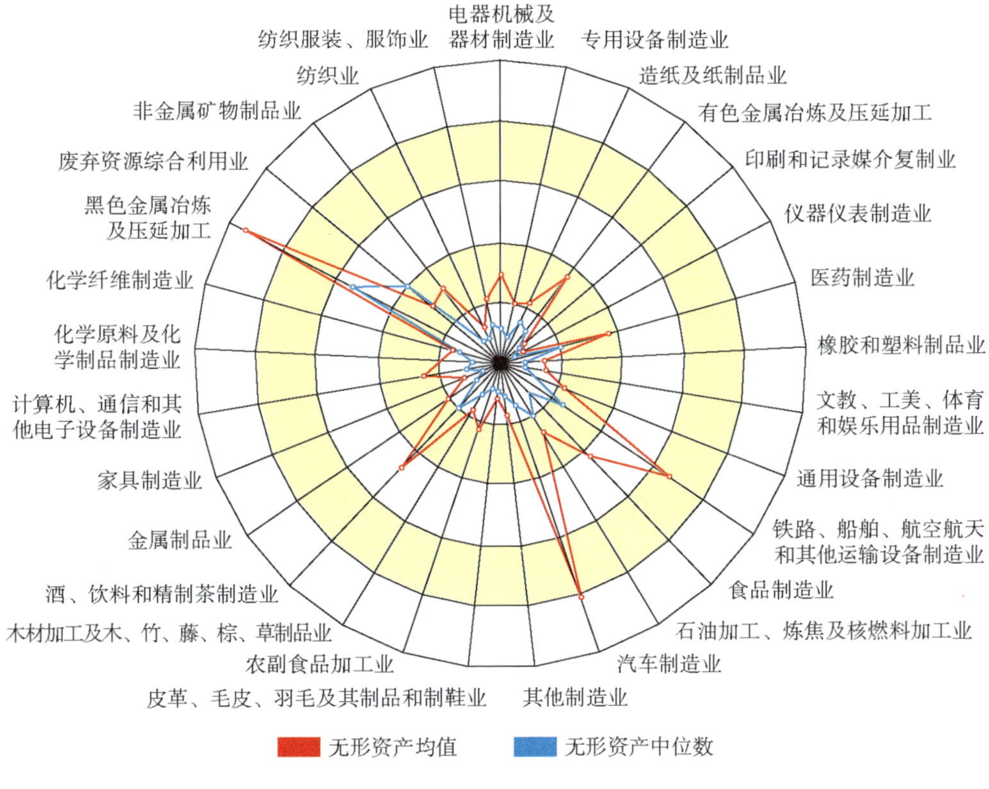

图3－2　制造业各子行业2017年度无形资产均值和中位数雷达图

的中位数企业无形资产值居前 3 位，“汽车制造业”的中位数企业无形资产值在全部制造业子行业中排名靠后，说明该子行业的无形资产不均衡状况明显。图 3 –3 是汽车制造业内上市企业的洛伦兹曲线，其中横轴和纵轴的意义如下：

横轴：汽车制造业各上市企业无形资产从小到大、从左到右排列；

纵轴：$\dfrac{\text{某企业及其左侧点的无形资产总和}}{\text{汽车制造业所有上市企业无形资产总和}}$。

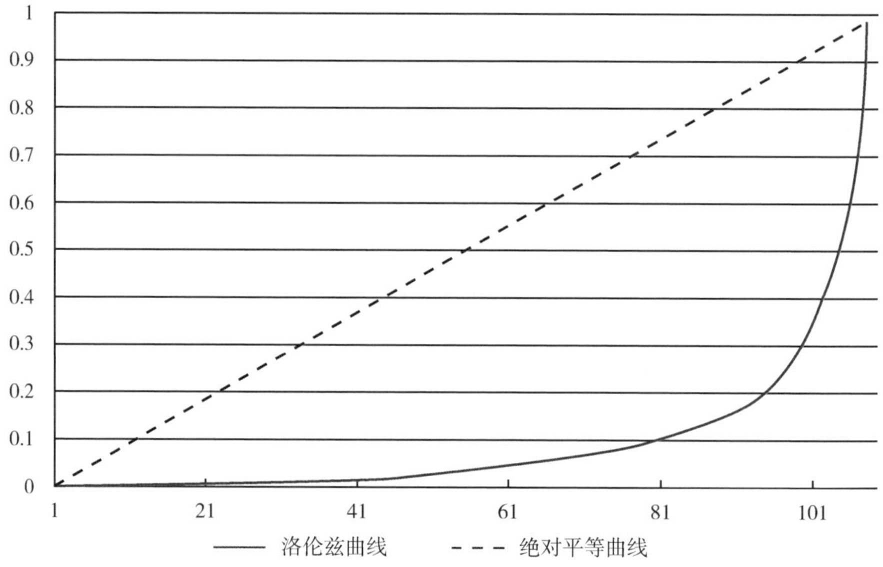

图 3 –3　汽车制造业内上市企业的洛伦兹曲线

曲线巨大的弯曲程度凸显了该子行业内各上市企业无形资产分布存在较大的不均衡状况，具体数值见附录 A 中表 A –2。

3.3　子行业无形资产细分类型统计

本报告第一章介绍了无形资产的分类框架，将无形资产分为第一类（信息化能力）、第二类（创新资产）和第三类（经济竞争力）

3 个类别。图 3－4 至图 3－6 分别显示出 2017 年度制造业各子行业 3 类无形资产的分布情况，具体数值见附录 A 中表 A－6 至表 A－8。

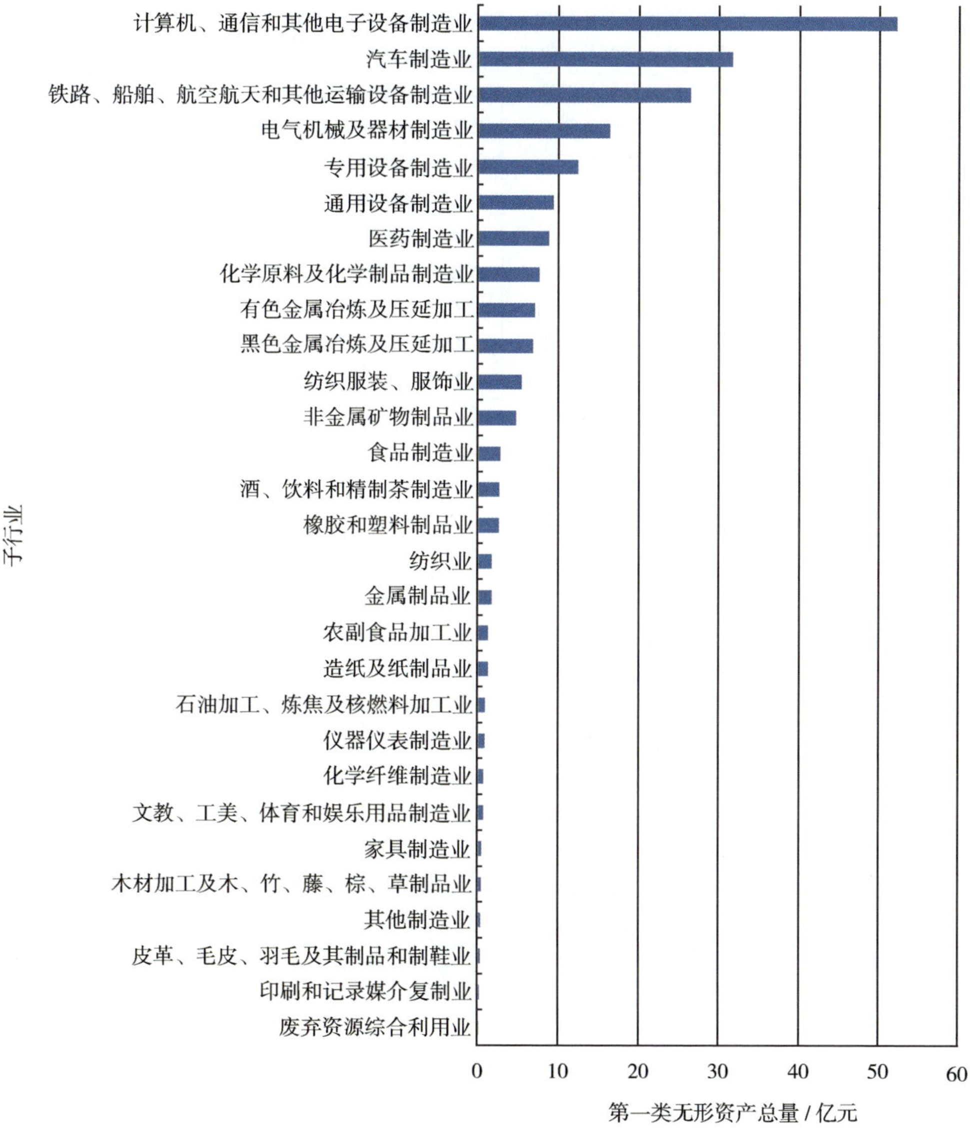

图 3－4　制造业子行业 2017 年度第一类无形资产分布

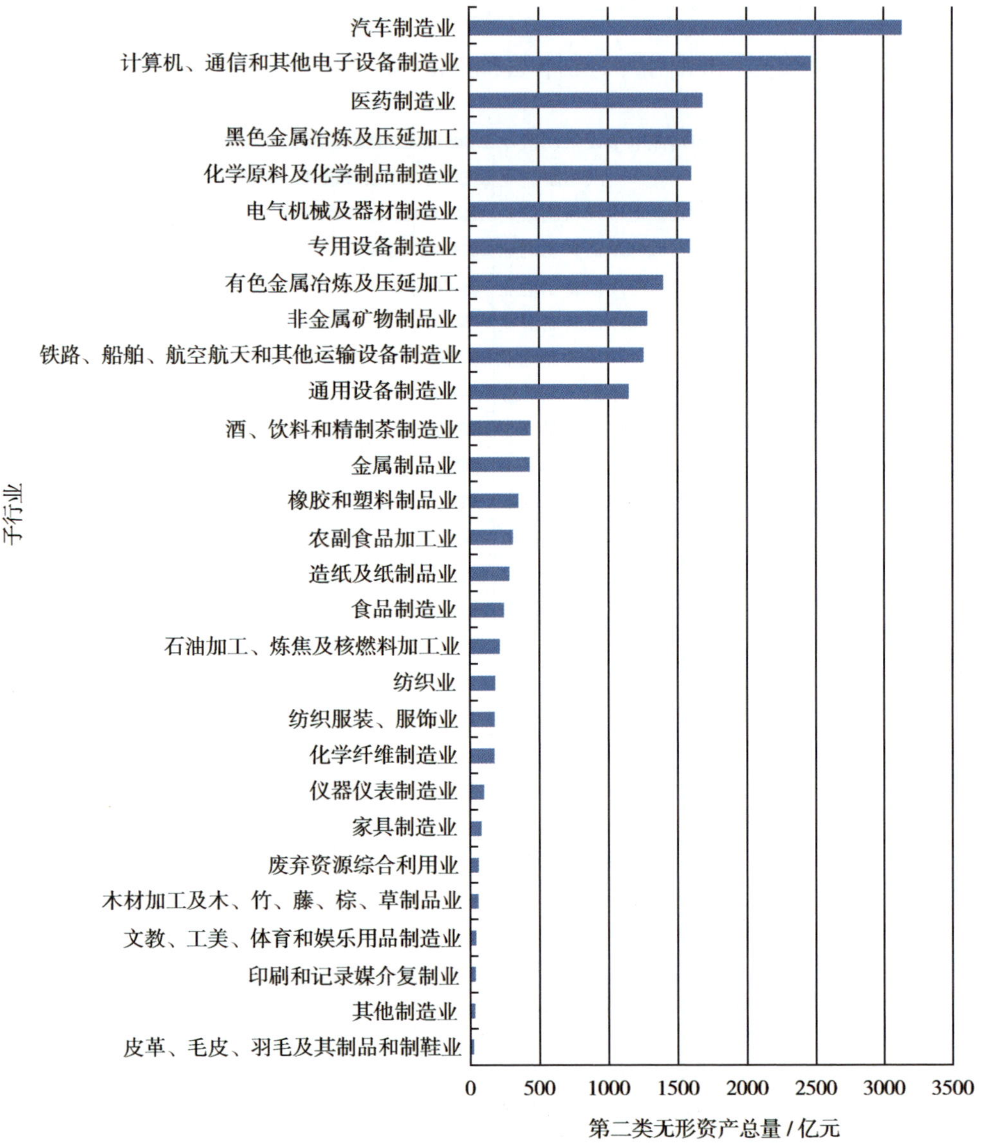
子行业
汽车制造业
计算机、通信和其他电子设备制造业
医药制造业
黑色金属冶炼及压延加工
化学原料及化学制品制造业
电气机械及器材制造业
专用设备制造业
有色金属冶炼及压延加工
非金属矿物制品业
铁路、船舶、航空航天和其他运输设备制造业
通用设备制造业
酒、饮料和精制茶制造业
金属制品业
橡胶和塑料制品业
农副食品加工业
造纸及纸制品业
食品制造业
石油加工、炼焦及核燃料加工业
纺织业
纺织服装、服饰业
化学纤维制造业
仪器仪表制造业
家具制造业
废弃资源综合利用业
木材加工及木、竹、藤、棕、草制品业
文教、工美、体育和娱乐用品制造业
印刷和记录媒介复制业
其他制造业
皮革、毛皮、羽毛及其制品和制鞋业
0
500
1000
1500
2000
2500
3000
3500
第二类无形资产总量 / 亿元

图 3-5　制造业子行业 2017 年度第二类无形资产分布

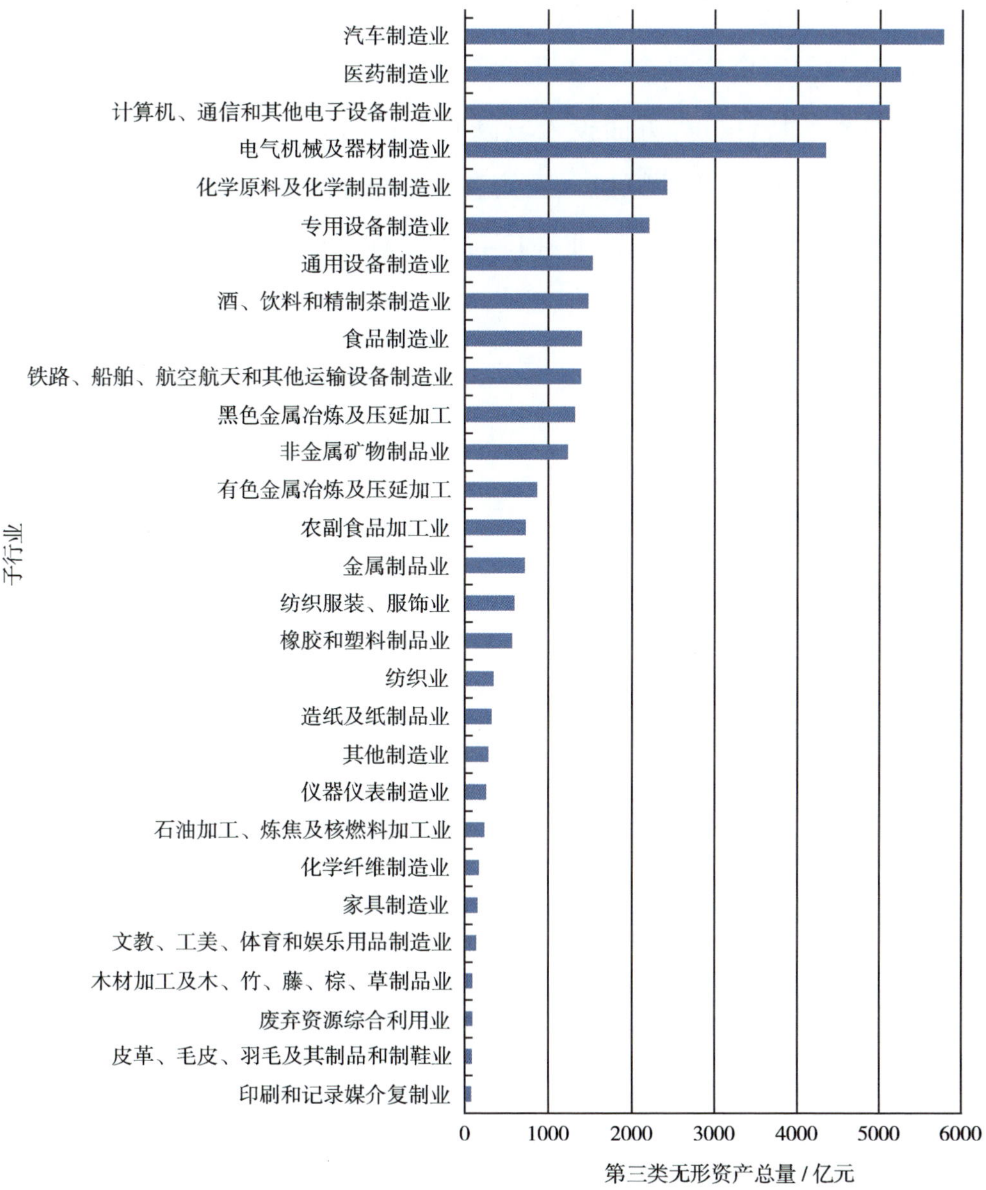

图 3－6　制造业子行业 2017 年度第三类无形资产分布

图 3－4 显示，“计算机、通信和其他电子设备制造业”“汽车制造业”“铁路、船舶、航空航天和其他运输设备制造业”3 个行业的信息化能力最强，这可能与这些行业在软件方面投入较高有关；图 3－5

显示，“汽车制造业”“计算机、通信和其他电子设备制造业”“医药制造业”的创新资产最多，这可能与这些行业在研究开发费用、专利及专有技术、特许权等方面投入较高有关；图 3 - 6 显示，“汽车制造业”“医药制造业”“计算机、通信和其他电子设备制造业”的经济竞争力最强，这可能与这些行业在广告、商标、职工培训、组织资本等方面投入较高有关。

第四章　制造业无形资产的区域分析

4.1　各地区制造业上市企业数量

本节按地区计量制造业子行业的无形资产总量、均值和中位数，对各地区制造业企业的无形资产现状进行分析，地区数据来源是注册地为该地区的 A 股上市企业。各地区制造业上市企业数量见表 4－1。制造业按地区的上市企业无形资产排名见附录 C（表 C－1 至表 C－31）。

表 4－1　全国各地区制造业上市企业数量　　单位：家

地区	上市企业数量	地区	上市企业数量
广东省	341	吉林省	25
浙江省	276	天津市	25
江苏省	260	重庆市	25
山东省	136	新疆维吾尔自治区	24
上海市	124	山西省	23
北京市	107	黑龙江省	21
福建省	75	云南省	20
四川省	71	甘肃省	20
安徽省	65	广西壮族自治区	19
湖北省	61	贵州省	17

续表

地区	上市企业数量	地区	上市企业数量
河南省	60	内蒙古自治区	17
湖南省	57	海南省	10
河北省	41	青海省	9
辽宁省	40	宁夏回族自治区	9
江西省	30	西藏自治区	8
陕西省	29		

4.2 各地区制造业子行业无形资产分布

以制造业各子行业为横轴，以地区为纵轴，做地区—制造业子行业分布图，见图 4－1。图中坐标值表示某地区对应制造业子行业的无形资产数额，颜色越深表示对应的无形资产值越大。

图 4－1 显示，安徽省、北京市、福建省、广东省、河北省、河南省、湖北省、湖南省、江苏省、江西省、辽宁省、山东省、上海市、四川省、浙江省等按无形资产总量的制造业子行业类别比较多，说明这些地区的制造业子行业种类较丰富，分布比较均衡；相反，重庆市、甘肃省、贵州省、海南省、内蒙古自治区、天津市、西藏自治区、云南省等按无形资产总量的制造业子行业类别比较少，分布不太均衡。西藏自治区仅有 4 个行业有无形资产，其中食品制造和医药制造占据 99% 的份额，产业分布极度不均匀。具体数值见附录 A 中表 A－9 至表 A－39。

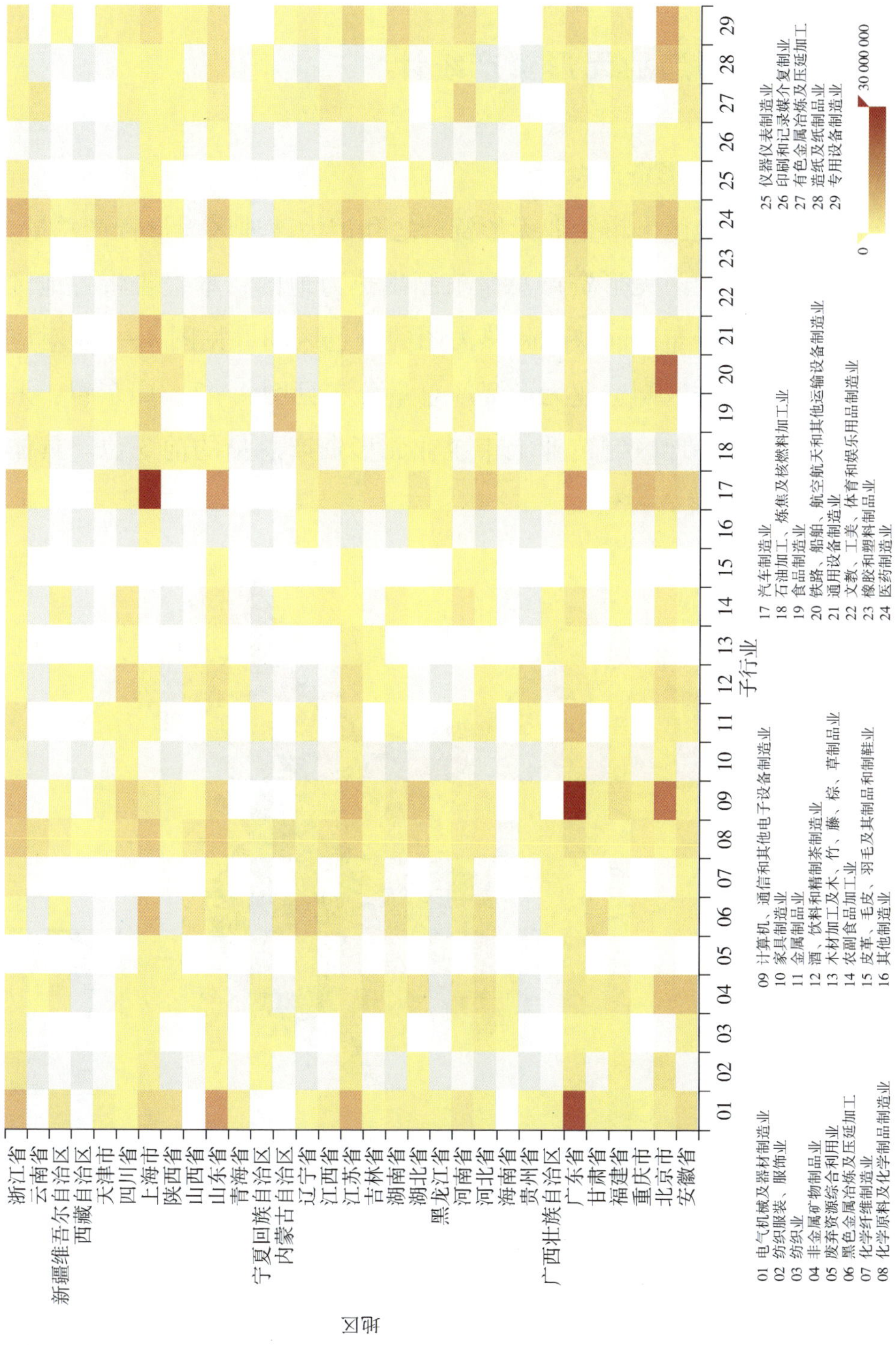

地区
浙江省
云南省
新疆维吾尔自治区
西藏自治区
天津市
四川省
上海市
陕西省
山西省
山东省
青海省
宁夏回族自治区
内蒙古自治区
辽宁省
江西省
江苏省
吉林省
湖南省
湖北省
黑龙江省
河南省
河北省
海南省
贵州省
广西壮族自治区
广东省
甘肃省
福建省
重庆市
北京市
安徽省
01 02 03 04 05 06 07 08 09 10 11 12 13 14 15 16 17 18 19 20 21 22 23 24 25 26 27 28 29
子行业
01 电气机械及器材制造业
02 纺织服装、服饰业
03 纺织业
04 非金属矿物制品业
05 废弃资源综合利用业
06 黑色金属冶炼及压延加工
07 化学纤维制造业
08 化学原料及化学制品制造业
09 计算机、通信和其他电子设备制造业
10 家具制造业
11 金属制品业
12 酒、饮料和精制茶制造业
13 木材加工及木、竹、藤、棕、草制品业
14 农副食品加工业
15 皮革、毛皮、羽毛及其制品和制鞋业
16 其他制造业
17 汽车制造业
18 石油加工、炼焦及核燃料加工业
19 食品制造业
20 铁路、船舶、航空航天和其他运输设备制造业
21 通用设备制造业
22 文教、工美、体育和娱乐用品制造业
23 橡胶和塑料制品业
24 医药制造业
25 仪器仪表制造业
26 印刷和记录媒介复制业
27 有色金属冶炼及压延加工
28 造纸及纸制品业
29 专用设备制造业
0
30 000 000

图4-1　全国各地区制造业子行业的无形资产分布

4.3 各地区制造业无形资产统计

（1）各地区无形资产总量

本报告将各地区上市企业无形资产之和记为该地区无形资产总量。为了能够按照各地区无形资产总量值画出热力地图，本报告将各地区无形资产数值的分布区间映射到热力图的颜色区间，见图 4－2。对应热力图的全国各地区制造业无形资产总量分布见图 4－3。广东省、上海市、北京市居各地区制造业上市企业无形资产总量的前 3 位。具体数值见附录 A 中表 A－3。

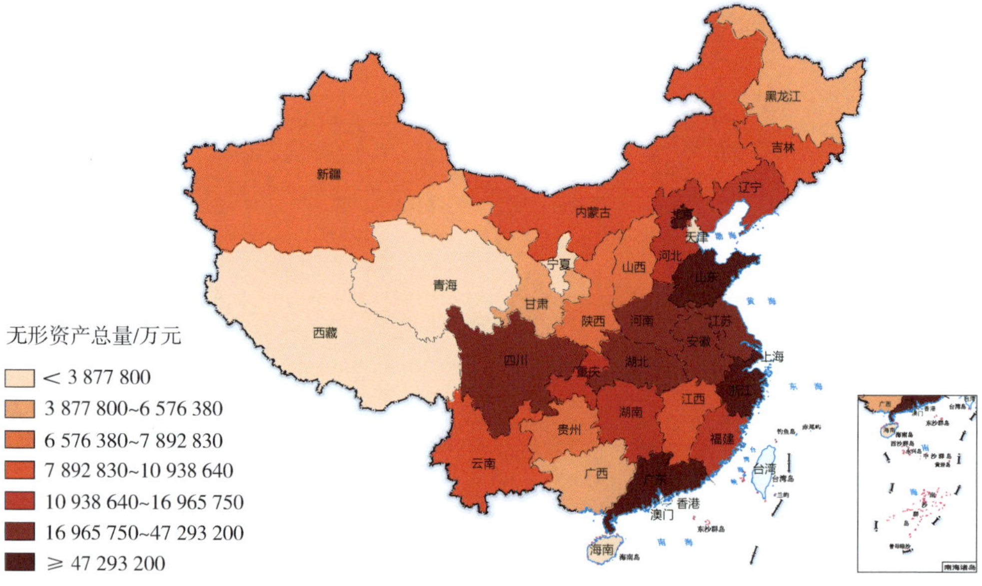

图 4－2　全国各地区制造业无形资产分布热力地图

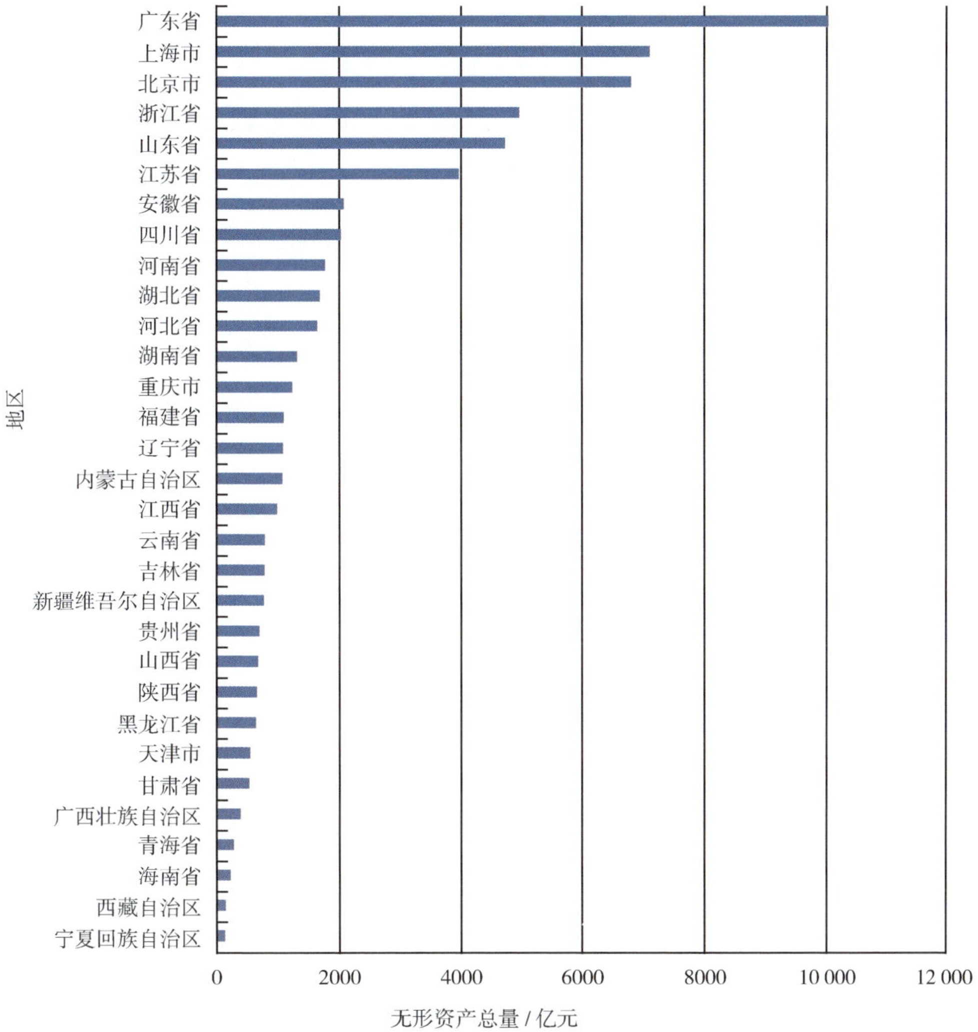

图 4 –3　各地区无形资产总量分布

（2）各地区无形资产均值和中位数

为了消除规模体量对各地区制造业无形资产计量的影响，本报告从无形资产均值和中位企业的角度对各地区制造业企业的无形资产分布情况进行分析。均值的计算方法是各地区内制造业全部上市企业无形资产总量除以地区内制造业上市企业的数量。如图 4 –4 所示的雷达图，其中红色线代表无形资产均值。“北京市”“内蒙古自治区”“上海市”居各地区无形资产均值的前 3 位；而在各地区无形资产总量中排名第 1 位的“广东省”因受省内制造业上市企业数量较多拖累，均值排名较为靠后。

图 4 -4 的蓝色线代表各地区制造业上市企业无形资产的中位数。中位数企业指的是各地区内制造业上市企业中无形资产数值为中位数的企业，该指标可以避免地区内由于某个或某几个企业无形资产数值过高而提高地区内无形资产均值的情况。图 4 - 4 显示，“云南省”

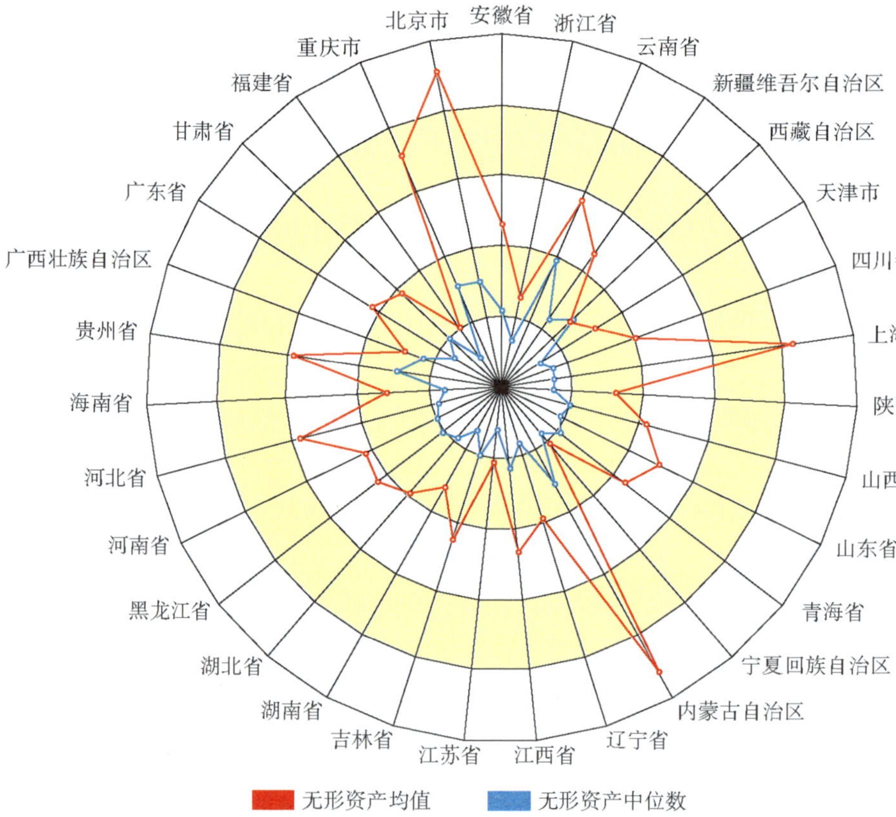

图 4 -4　各地区制造业 2017 年度上市企业无形资产均值和中位数雷达图

“重庆市”“内蒙古自治区”3 个地区的中位数企业无形资产值居前 3 位；“上海市”的无形资产总量及均值排名靠前，但中位数企业无形资产值在各地区排名靠后，说明上海市各制造业子行业上市企业的无形资产值分布非常不均匀。

第五章 制造业无形资产与有形资产的比较分析

5.1 无形资产/有形资产增量变化 Top 10 行业

本报告以近 3 年（2015—2017 年）无形资产与有形资产比值及托宾 Q 值的变化来反映制造业的产业结构变化。“无形资产/有形资产”指标在一定程度上可以测度产业结构变化，其增量可以在一定程度上反映产业升级的情况。测度方法是用制造业各子行业 2017 年度的“无形资产/有形资产值”与 2015 年度的“无形资产/有形资产值”相减，即得到近 3 年（无形资产/有形资产）的增量，选出其中的 Top 10 制造业子行业，见图 5－1。从图中可以看出，近 3 年 Top 10 子行业的

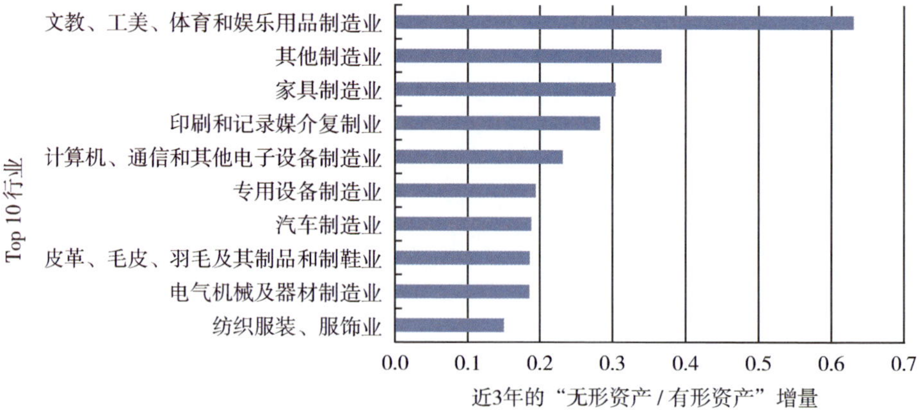

图 5－1 近 3 年的“无形资产/有形资产”增量 Top 10 行业

"无形资产/有形资产值"一直呈增长趋势，说明制造业各子行业产业结构变化状况明显。"文教、工美、体育和娱乐用品制造业"无形资产/有形资产的增量最大。具体数值见附录 A 中表 A－40。

5.2　三类无形资产/有形资产增量变化 Top 10 行业

进一步测度近 3 年无形资产的 3 个类别对有形资产比值的增量变化情况。第一类无形资产即信息化能力，近 3 年"信息化能力/有形资产"增量 Top 10 制造业子行业见图 5－2；第二类无形资产即创新资产，近 3 年"创新资产/有形资产"增量 Top 10 制造业子行业见图 5－3；第三类无形资产即经济竞争力，近 3 年"经济竞争力/有形资产"增量 Top 10 制造业子行业见图 5－4。

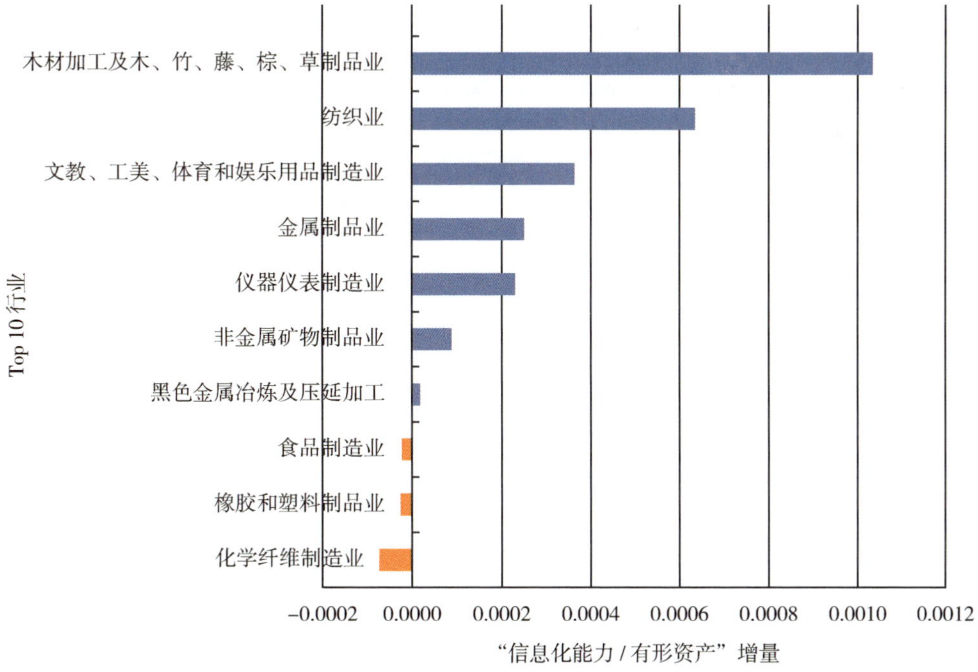

图 5－2　近 3 年的"信息化能力/有形资产"增量 Top 10 行业

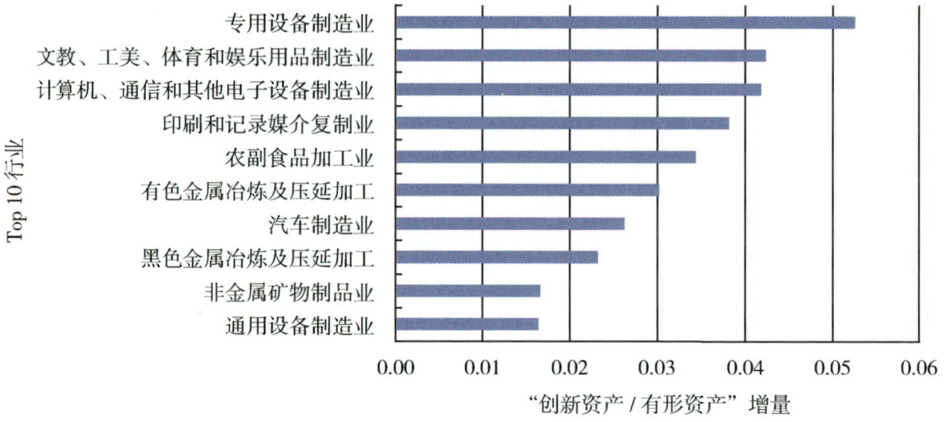

图 5－3　近 3 年的“创新资产/有形资产”增量 Top 10 行业

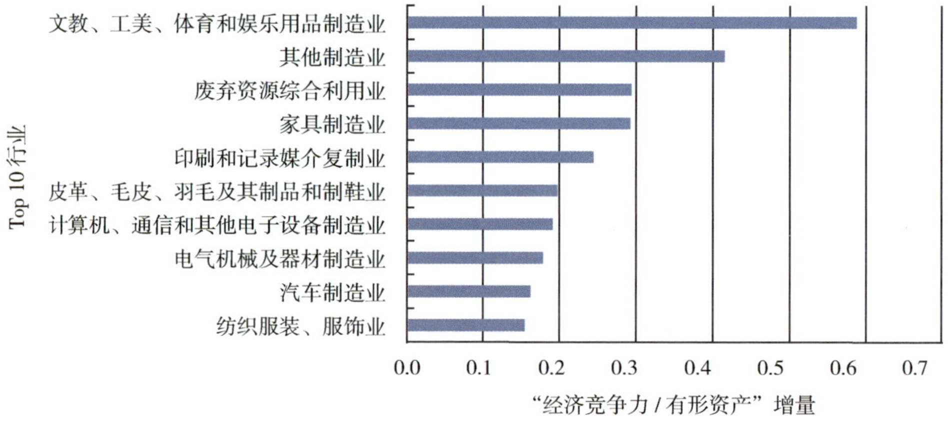

图 5－4　近 3 年的“经济竞争力/有形资产”增量 Top 10 行业

依图分析，近 3 年里一部分制造业子行业的第一类无形资产比有形资产的值呈下降态势，这可能是因为这些子行业在近 3 年之间的计算机软硬件投资转变成了有形资产。“木材加工及木、竹、藤、棕、草制品业”的“第一类无形资产/有形资产”的增量最大；第二类、第三类无形资产相对有形资产持续增长，“专用设备制造业”的“第二类无形资产/有形资产”的增量最大，“文教、工美、体育和娱乐用品制造业”的“第三类无形资产/有形资产”的增量最大，反映出制造业子行业内上市企业在研发投入、专利及专有技术、特许权购买、广告、商标、职工培训、组织资本等方面的投资持续增长，产业结构变化态势明显。具体数值见附录 A 中表 A－41 至表 A－43。

5.3 子行业托宾 Q 值的变化

本报告 1.3 节的方法论中介绍了传统托宾 Q 值与本报告采用的新托宾 Q 值的计算方法，见第一章中的式（1－3）和式（1－4）。根据托宾的理论，托宾 Q 值应该等于 1。如果只考虑有形资产而忽略了无形资产，则计算得到的托宾 Q 值应大于 1，考虑无形资产后托宾 Q 值应近似为 1。所以，可以通过比较新托宾 Q 值与传统托宾 Q 值的差异来审视无形资产对企业市场价值的影响，继而判断无形资产对产业结构变化的影响。

图 5－5 是制造业各子行业 2017 年度传统托宾 Q 值与新托宾 Q 值的对比（具体数值见附录 A 中表 A－44）。从结果可以看出，“化学纤维制造业”“黑色金属冶炼及压延加工”“汽车制造业”等行业的新托宾 Q 值都接近于 1。虽然对很多行业来说，受各种因素影响，新托宾 Q 值不能近似为 1，但相对于传统托宾 Q 值来说，新托宾 Q 值在很大程度上降低了，这表明在股票市场中，企业的无形资产是得到投资者的认可的，拥有更多的无形资产有助于提高企业的市值，说明了本报告采用的无形资产测度方法的有效性，也从一个侧面体现了制造业上市企业的产业结构变化情况。

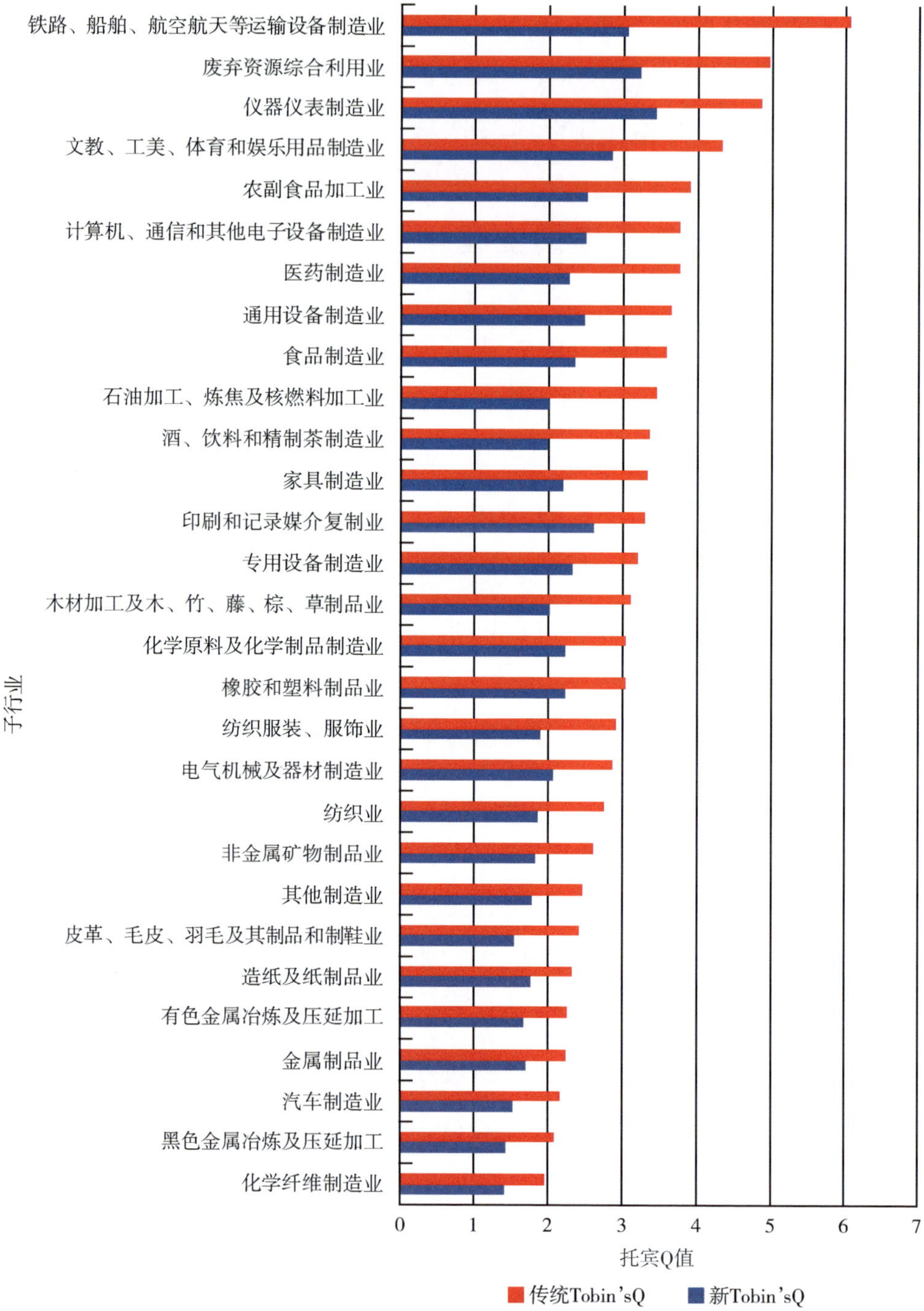
铁路、船舶、航空航天等运输设备制造业
废弃资源综合利用业
仪器仪表制造业
文教、工美、体育和娱乐用品制造业
农副食品加工业
计算机、通信和其他电子设备制造业
医药制造业
通用设备制造业
食品制造业
石油加工、炼焦及核燃料加工业
酒、饮料和精制茶制造业
家具制造业
印刷和记录媒介复制业
专用设备制造业
木材加工及木、竹、藤、棕、草制品业
化学原料及化学制品制造业
橡胶和塑料制品业
纺织服装、服饰业
电气机械及器材制造业
纺织业
非金属矿物制品业
其他制造业
皮革、毛皮、羽毛及其制品和制鞋业
造纸及纸制品业
有色金属冶炼及压延加工
金属制品业
汽车制造业
黑色金属冶炼及压延加工
化学纤维制造业
子行业
0
1
2
3
4
5
6
7
托宾Q值
传统Tobin'sQ
新Tobin'sQ

图 5-5　制造业子行业传统托宾 Q 值与新托宾 Q 值的对比

第六章　战略性新兴产业无形资产概况

战略性新兴产业是以重大技术突破和重大发展需求为基础，对经济社会全局和长远发展具有重大引领带动作用，知识技术密集、物质资源消耗少、成长潜力大、综合效益好的产业。战略性新兴产业代表了新一轮科技革命和产业变革的方向，是构建现代产业体系、获取未来竞争优势的关键领域。2010 年，国务院常务会议审议并原则通过了《国务院关于加快培育和发展战略性新兴产业的决定》，正式提出了“战略性新兴产业”这一概念，同时确立了我国战略性新兴产业发展的重点方向，即节能环保、新一代信息技术、生物、高端装备制造、新能源、新材料和新能源汽车 7 个产业，该决定的通过揭开了七大战略性新兴产业发展的序幕。“十二五”期间，在中国经济增速变缓的大背景下，战略性新兴产业相对于其他产业呈现快速发展势头，迅速成为资本市场的重要组成部分，为我国产业结构调整、稳定经济增长速度及提高国际竞争力发挥了重要作用。2010 年，我国战略性新兴产业增加值占 GDP 的比值为 3%，至 2015 年这一比值已增加至约 8%。2015 年，战略性新兴产业涉及的 27 个重点行业规模以上企业收入达 16.9 万亿元，占工业总体收入的比重达 15.3%，较 2010 年提升 3.4 个百分点。2016 年年底，国务院正式公布《“十三五”国家战略性新兴产业发展规划》，标志着我国战略性新兴产业新一轮发展浪潮即将来临，创新驱动的新兴产业将逐渐成为推动中国经济增长的主要动力。

战略性新兴产业中的企业大多是技术密集型企业，因此，与技术相关的专利权、商标权、著作权、专有技术和信息化等无形资产是企业的一种重要的战略资源。知识经济时代的到来，使得战略性新兴产业的无形资产占全部资产的比例越来越大，在企业发展过程中发挥着巨大的作用。由于目前的沪深股市行业分类没有对战略性新兴产业进行严格的划分，所以本报告在研究战略性新兴产业上市企业无形资产时采用国内权威金融数据库 Wind 中的概念分类，将制造业中比较重要的新材料产业、新能源产业和高端装备制造产业挑选出来，有代表性地展示战略性新兴产业上市企业的无形资产概况。

6.1 新材料产业上市企业无形资产概况

（1）新材料产业上市企业行业分布

新材料产业包括新材料及其产品，以及相关技术装备。与传统材料产业相比，新材料产业具有技术密集性高、研发投入高、产品附加值高、国际竞争力强及发展潜力巨大等特点。新材料的研发水平和产业化规模已成为衡量一个国家科技竞争能力的重要指标。A 股上市企业中涉及新材料产业概念的共有 53 家，其中截至 2017 年年报中有无形资产数据的有 49 家（见附录 A 中表 A－45）。如图 6－1 所示，这些企业主要分布于化学原料及化学制品制造业、非金属矿物制品业、橡胶和塑料制品业、金属制品业、有色金属冶炼及压延加工等行业中，其中以化学原料及化学制品制造业最多，有 13 家，占比约 27%，这可能与目前新材料大多为化工新材料有关。

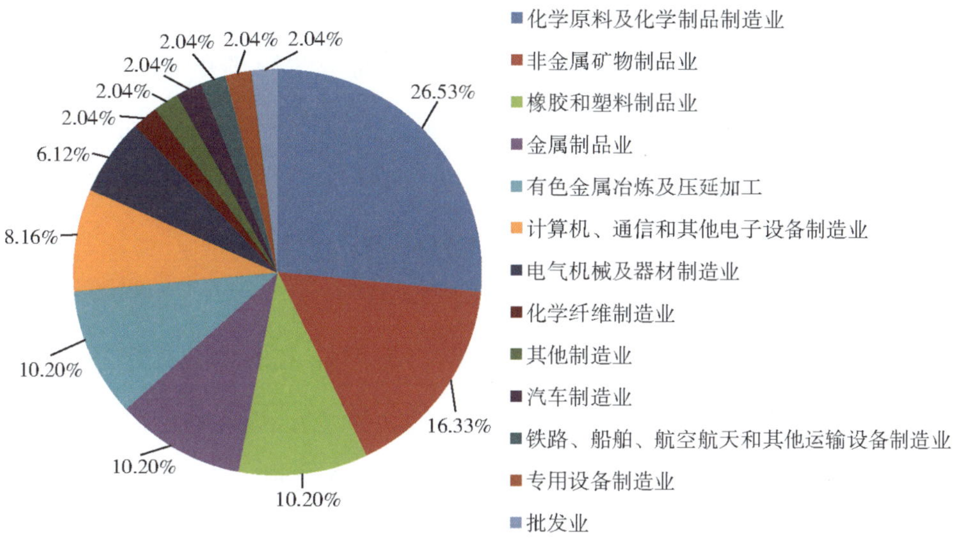

图6－1　新材料产业上市企业行业分布

（2）新材料产业上市企业区域分布

如图6－2所示，新材料产业的A股上市企业主要分布于广东省和江苏省，两省数量相等，共24家，占比约49%，数量较多的其他地区

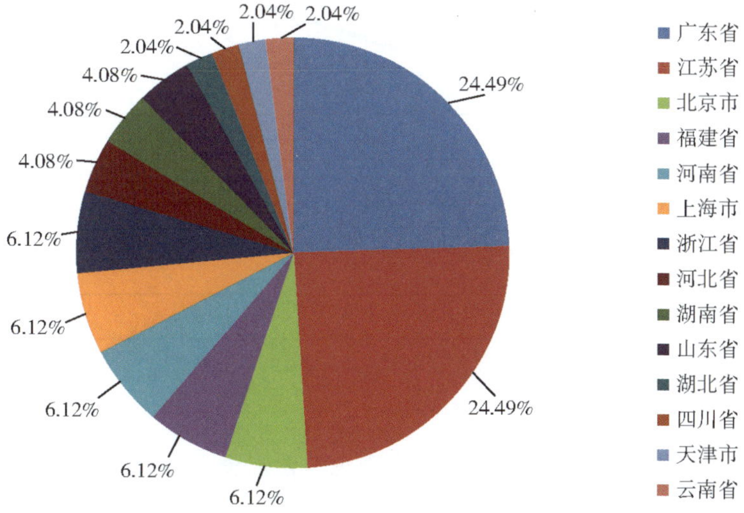

图6－2　新材料产业上市企业区域分布

还包括北京、福建、河南、上海和浙江等，主要分布于华北和华东地区，西北地区几乎没有。广东省和江苏省既是新材料的制造大省也是需求大省，其中江苏省在新型功能材料、纳米材料和多晶硅等材料的发展上处于国内领先水平，具有一定的国际竞争力；广东省在新型发光显示材料及器件材料的发展上处于全国领先地位。

（3）新材料产业上市企业无形资产概况

如图 6 –3 所示，2015—2017 年新材料产业上市企业无形资产总量迅速增加，3 年间增速超过 67%，尤其是第三类无形资产（图 6 –4）增加将近 1 倍。新材料产业上市企业多为中小企业，大型垄断企业少，平均资产规模远低于制造业平均水平（图 6 –5），因此，无形资产均值也相应地比制造业平均水平小（图 6 –6），但无形资产总量的增长率始终高于制造业平均水平（图 6 –7）。

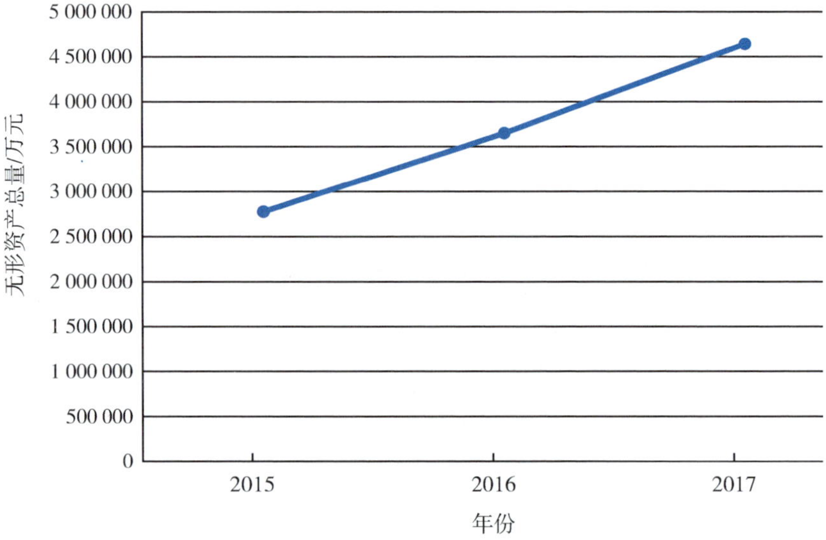

图 6 –3　新材料产业上市企业无形资产总量变化

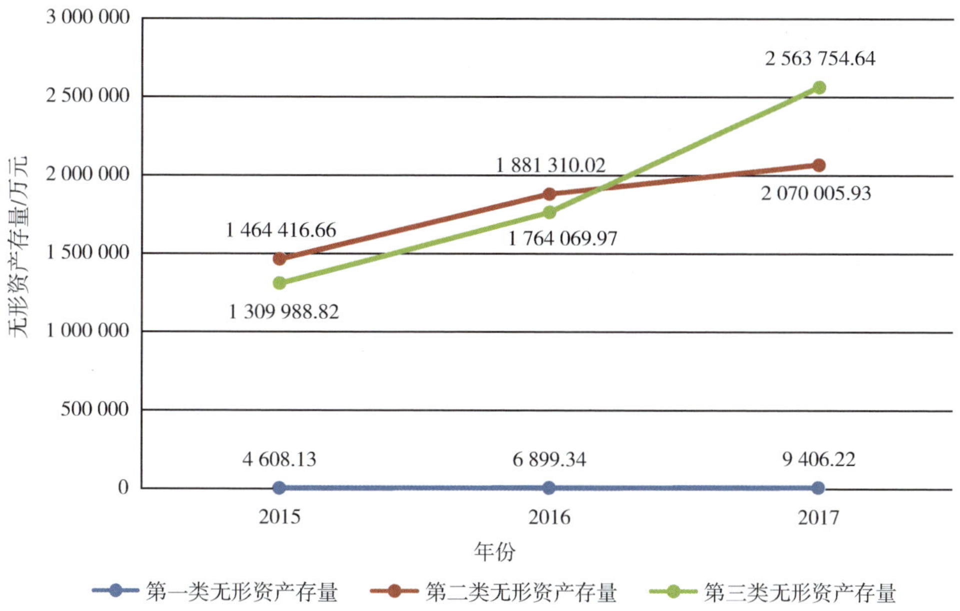

图 6－4　新材料产业上市企业三类无形资产存量变化

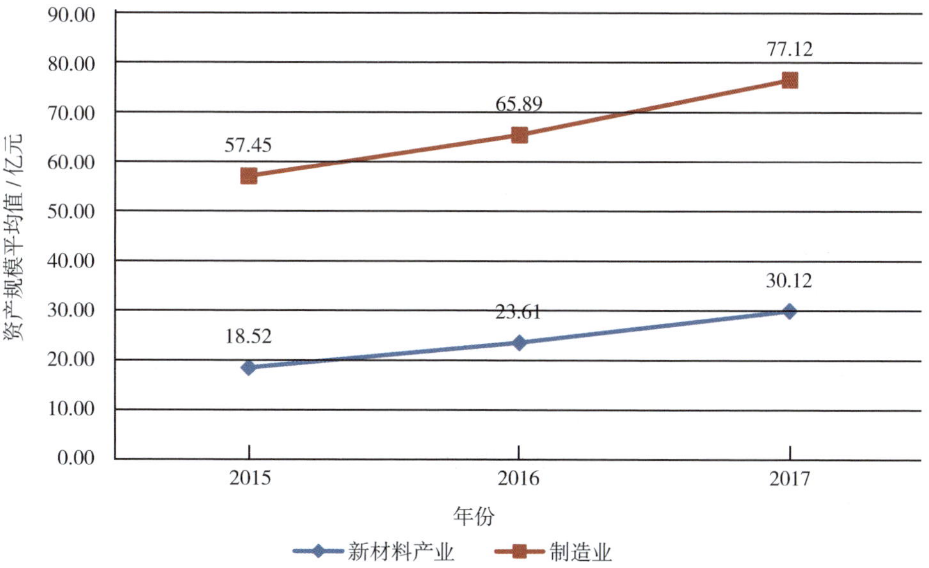

图 6－5　新材料产业上市企业平均资产规模变化

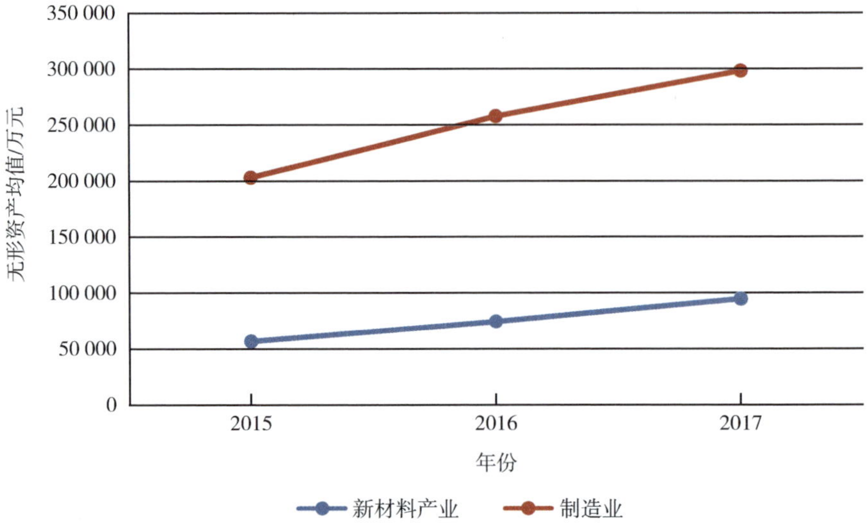

图 6－6　新材料产业上市企业无形资产均值变化

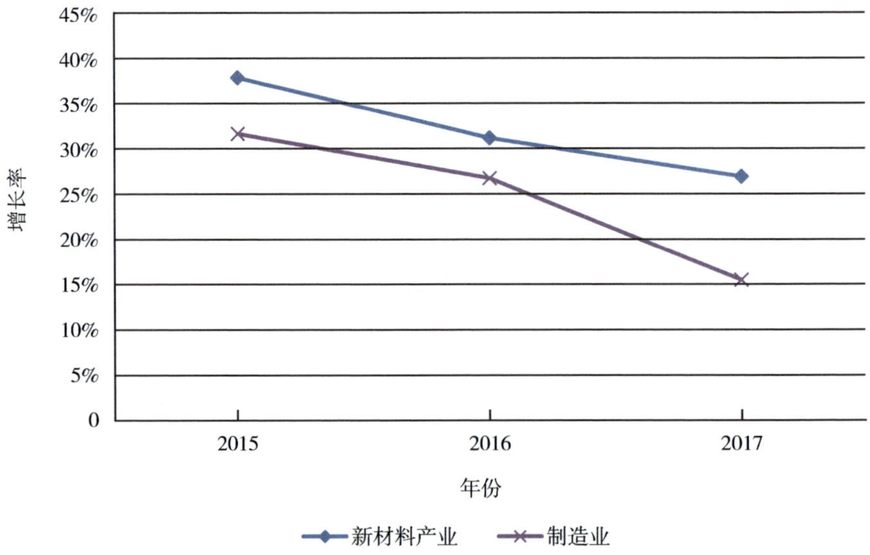

图 6－7　新材料产业上市企业无形资产增长率变化

6.2　新能源产业上市企业无形资产概况

（1）新能源产业上市企业行业分布

新能源是指有待开发利用和积极推广的能源，包括太阳能、地热能、风能、海洋能、生物质能和核聚变能等。新能源产业主要是源于对新能源的发现和应用。A 股上市企业涉及新能源概念的共有 22 家，其中截至 2017 年年报中有无形资产数据的有 20 家（见附录 A 中表 A－46）。如图 6－8 所示，这些企业主要分布于通用设备制造业，电器机械及器材制造业，电力、热力生产和供应业，计算机、通信和其他电子设备制造业等行业。

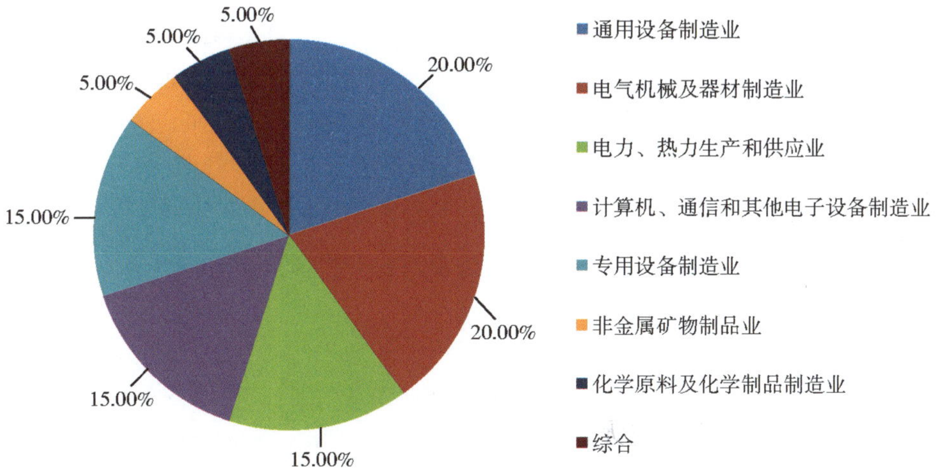

图 6－8　新能源产业上市企业行业分布

（2）新能源产业上市企业区域分布

如图 6－9 所示，新能源产业上市企业主要分布于广东、江苏、四川、浙江等地区，其中以广东省最多，有 4 家，占 20.00%，江苏省次之，有 3 家，占 15.00%。这与东部沿海省份积极推动风能、太阳能、核能、生物质能、海洋能等新能源开发利用，缓解电力供需紧张形势，促进能源结构的调整有关。四川省作为西部省份也高度重视新能源产业的发展，并于2017年2月8日印发了《四川省“十三五”战略性新兴产业发展规划》，规划指出要重点发展风电、太阳能等新能源装备，打造西部领先的新能源装备产业，要将该省建成国家重要的新能源产业基地。

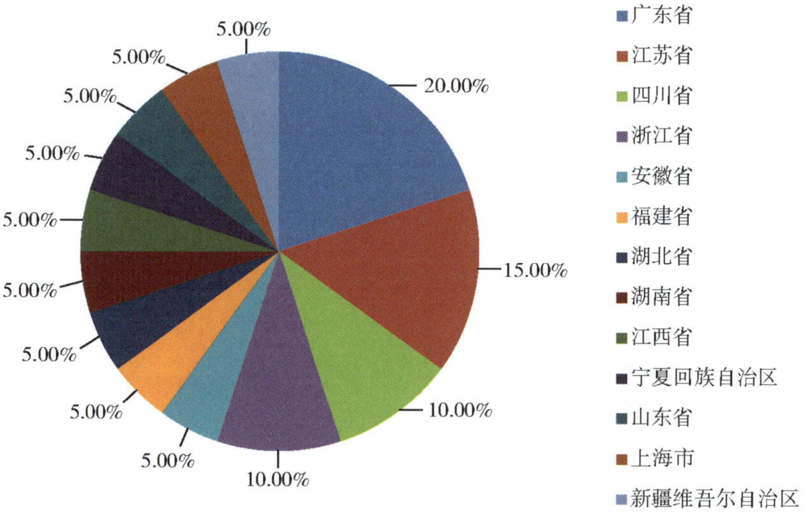

图 6－9　新能源产业上市企业区域分布

（3）新能源产业上市企业无形资产概况

如图 6－10 所示，2015—2017 年新能源产业上市企业无形资产总量增加约 57%，第三类无形资产（图 6－11）在无形资产总量的增加中发挥了重要的作用，3 年间增加约 80%。新能源产业上市企业的无形资产均值高于制造业平均水平，高出 32% 左右，增速也略高于制造业平均水平（图 6－12）。

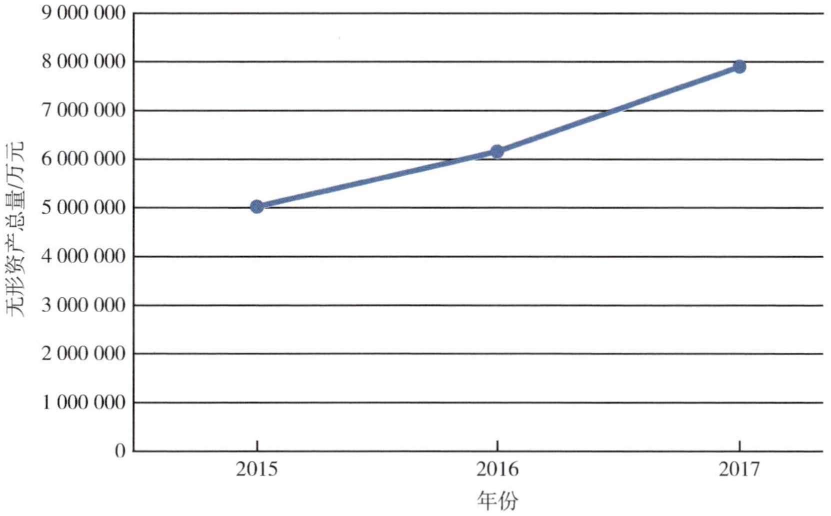

图 6－10　新能源产业上市企业无形资产总量变化

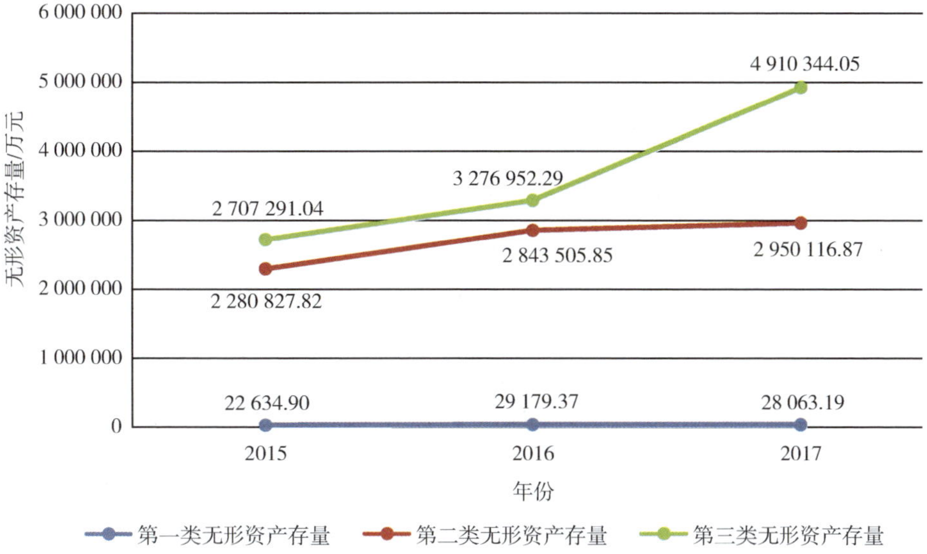

图 6－11　新能源产业上市企业三类无形资产存量变化

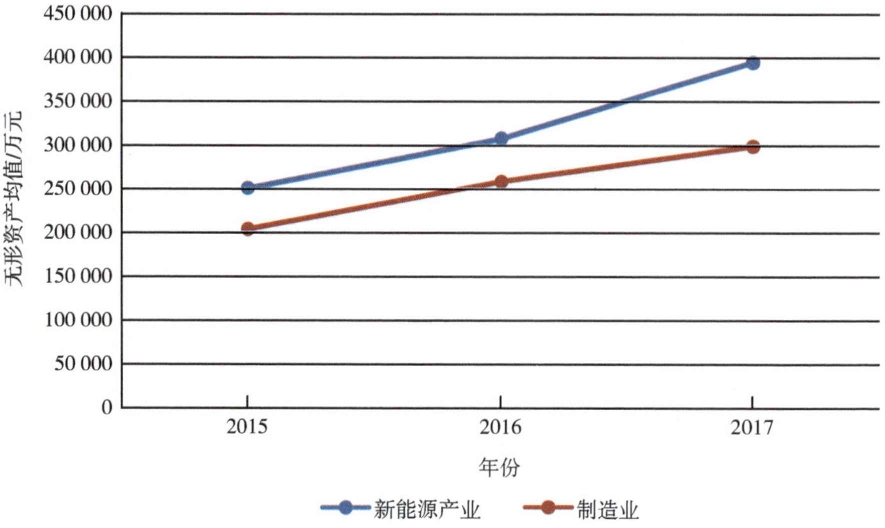

图 6－12　新能源产业上市企业无形资产均值变化

6.3　高端装备制造产业上市企业无形资产概况

（1）高端装备制造产业上市企业行业分布

高端装备制造产业又称先进装备制造产业，是指生产制造高技术含量、高附加值的先进工业设施的行业。高端装备制造产业以高科技为基础，处于价值链高端和产业链核心环节，对战略性新兴产业的发展起到决定性的作用，是推动制造业转型升级的引擎。在 A 股上市企业中具有高端装备制造概念的企业共有 37 家，其中截至 2017 年年报中有无形资产数据的有 33 家（见附录 A 中表 A－47）。如图 6－13 所示，这些企业主要分布于铁路、船舶、航空航天和其他设备制造业，专用设备制造业，通用设备制造业，计算机、通信和其他电子设备制造业等。其中以铁路、船舶、航空航天和其他运输设备制造业，专用设备制造业分布最多，各 10 家，占 30.30%。

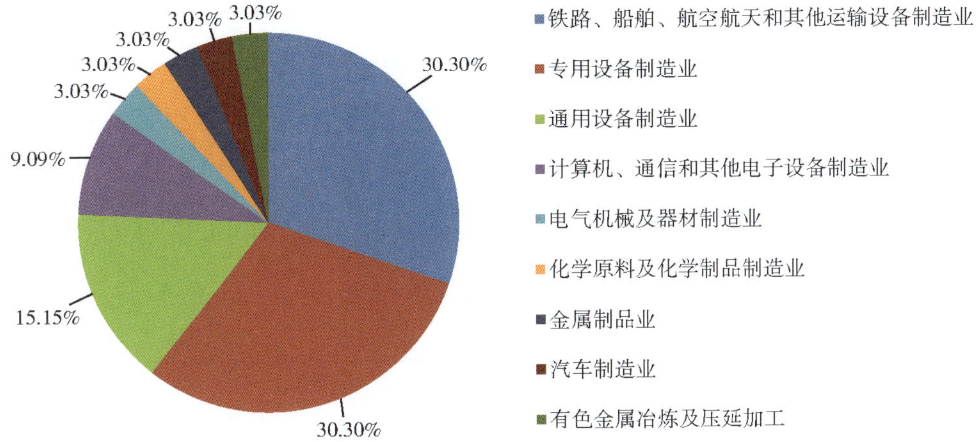

图 6－13　高端装备制造产业上市企业行业分布

（2）高端装备制造产业上市企业区域分布

如图 6－14 所示，涉及高端装备制造产业的 A 股上市企业主要分

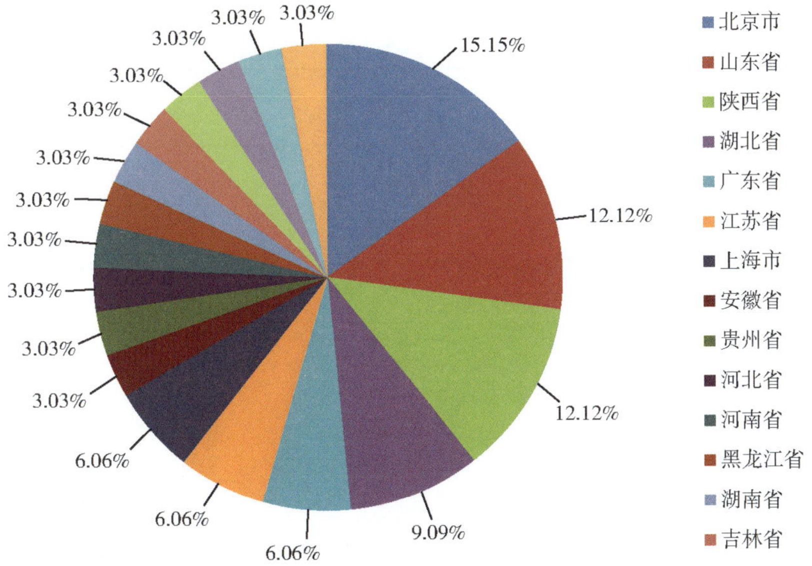

图 6－14　高端装备制造产业上市企业区域分布

布在北京、山东、陕西、湖北、广东、江苏和上海等地区，其中北京最多，有 5 家，包括中国中车、三一重工、中国重工、北斗星通和中国卫星这些大型设备制造企业。

（3）高端装备制造产业上市企业无形资产概况

如图 6－15 所示，2015—2017 年高端装备制造产业上市企业无形资产总量增加明显，3 年间增速超过 40%，尤其是第三类无形资产（图 6－16）增加超过 45%。高端装备制造业上市企业无形资产均值远高于制造业平均水平，达 5 倍之多（图 6－17）。

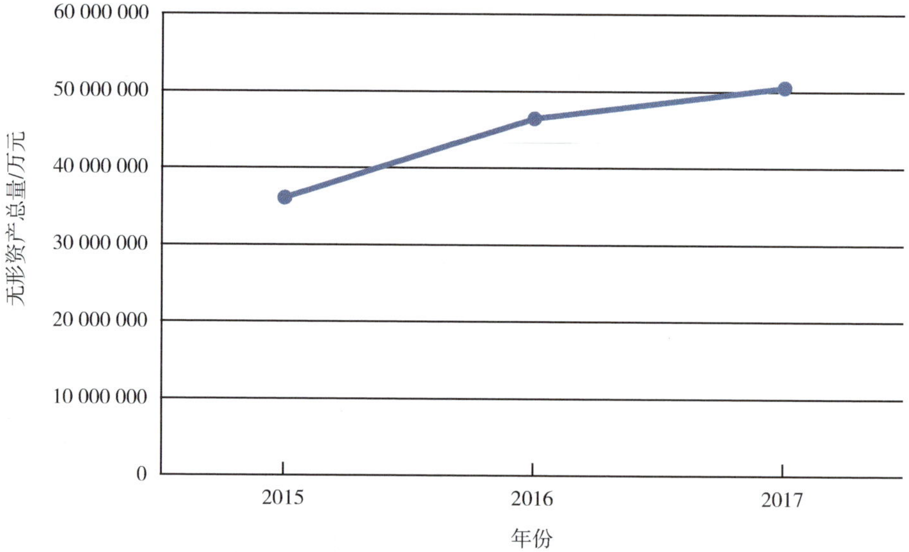

图 6－15　高端装备制造产业上市企业无形资产总量变化

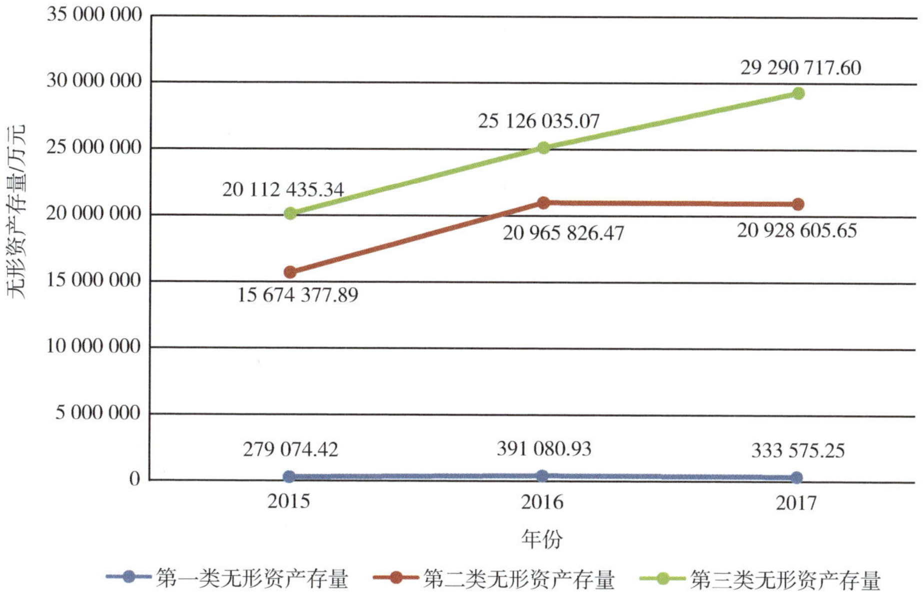

图 6-16　高端装备制造产业上市企业三类无形资产存量变化

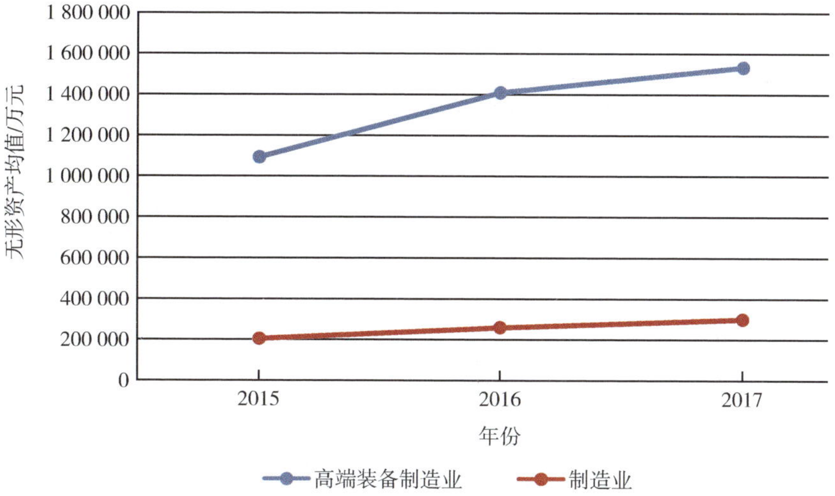

图 6-17　高端装备制造产业上市企业无形资产均值变化

第七章　结　论

由于无形资产与企业绩效极具关联性，而企业创新是企业绩效的重要表征，在“中国制造 2025”的国家战略背景下，选择以无形资产为切入点分析制造业上市企业的创新能力，形成《中国上市企业无形资产评价年度系列报告——制造业 2017》。本报告从制造业子行业和区域的角度展示中国制造业上市企业无形资产的总体情况，并从无形资产与有形资产比值的变化及战略性新兴产业无形资产概况两个角度分析制造业上市企业的产业结构变化，得到以下结论。

（1）上市企业无形资产总量持续增长，制造业增速明显

2015—2017 年，证监会各行业门类无形资产总量持续增长，制造业上升态势最为明显。2017 年度，制造业无形资产总量占据证监会全部门类无形资产总量的 38.59%。

（2）制造业无形资产在子行业、区域等多个维度的分布差异明显

① 各子行业无形资产总量差异大，分布不均匀。2017 年度，汽车制造业，铁路、船舶、航空航天和其他运输设备制造业，电器机械及器材制造业 3 个子行业内无形资产数量最大企业与中位数企业的差距最为明显；汽车制造业的“上汽集团”，铁路、船舶、航空航天和其他运输设备制造业的“中国中车”，电器机械及器材制造业的“青岛海尔”，这些上市企业所拥有的无形资产数量远远超过子行业均值及中位数企业。

② 各地区上市企业无形资产总量差异大，分布不均匀。2017 年度，上海市、北京市、山东省 3 个地区无形资产数量最大企业与中位数企业的差距最为明显；上海市的“上汽集团”、北京市的“中国中车”、山东省的“潍柴动力”，这些上市企业所拥有的无形资产数量远远超过地区内所有上市企业的均值及中位数企业。

③ 上市企业按城市统计的无形资产分布差异明显。2017 年度，我国中东部地区城市的无形资产总量和均值高于西部和东北地区；环渤海、长三角、成渝城市群、珠三角等区域城市的无形资产总量和均值较高。

（3）无形资产在企业层次的分布上呈现明显的集中趋势

2017 年度，制造业居前 10 位的上市企业所拥有的无形资产总量占制造业全行业无形资产总量的 14.72%。在 10 个席位中，汽车制造业的 3 席总占比 6.69%，分别为“上汽集团”“潍柴动力”“比亚迪”，“上汽集团”以全行业 4.12% 的占比高居榜首；电气机械及器材制造业占据 2 席，分别为“青岛海尔”和“格力电器”；铁路、船舶、航空航天和其他运输设备制造业的“中国中车”以 1.90% 的占比夺得榜眼；此外，“中兴通讯”“中国铝业”“伊利股份”和“宝钢股份”也都在各自所属子行业中处于领先。

（4）无形资产的持续增长在一定程度上反映了产业结构的变化

2015—2017 年，制造业子行业的“无形资产/有形资产值”一直呈增长趋势，制造业各子行业产业升级状况明显。“文教、工美、体育和娱乐用品制造业”的“无形资产/有形资产值”增量最大。另外，从托宾 Q 值变化的情况来看，与传统托宾 Q 值相比，本报告采用的新托宾 Q 值计算方法中，“化学纤维制造业”“黑色金属冶炼及压延加工”“汽车制造业”等行业的新托宾 Q 值都接近于 1。虽然对很多行业来说，受各种因素影响，新托宾 Q 值不能近似为 1，但相对传统托宾 Q 值来说，新托宾 Q 值在很大程度上降低了，这表明在股票市场中企业的无形资产是得到投资者的认可的，拥有更多的无形资产有助于提高企业的市值，说明了本报告采用的无形资产测度方法的有效性，也从一个侧面体现了制造业上市企业的产业升级情况。

（5）作为战略性新兴产业，其上市企业分布具有明显的地域差异和行业特点，同时无形资产总量呈逐年增长趋势

以新材料、新能源和高端装备制造产业作为制造业战略性新兴产业的代表进行无形资产分析，可以发现，制造业战略性新兴产业的上市企业在华东和华北等区域较为集中，体现了该区域新兴产业较为活跃、科技竞争能力强的特点。总体而言，战略性新兴产业的无形资产总量，尤其是第三类无形资产存量均呈逐年增长趋势，除新材料产业上市企业由于资产规模较小导致无形资产均值低于制造业平均水平外，其他产业均高于制造业平均水平，体现了无形资产在技术密集型企业中具有至关重要的作用，是企业发展和科技竞争力的体现。

附录 A　正文图对应附表

表 A－1　2015—2017 年各行业门类无形资产总量

单位：万元

行业名称	2015 年	2016 年	2017 年
制造业	415 617 822. 02	527 631 254. 20	610 060 825. 68
金融业	333 694 864. 72	390 762 840. 10	285 479 041. 53
采矿业	159 557 863. 90	189 516 641. 90	184 389 539. 77
建筑业	104 584 645. 90	139 326 015. 70	136 436 350. 35
信息传输、软件和信息技术服务业	49 821 695. 49	65 163 588. 90	81 398 039. 92
批发和零售业	52 612 873. 63	65 711 551. 52	75 298 530. 73
交通运输、仓储和邮政业	68 353 078. 23	80 446 188. 17	74 708 075. 27
电力、热力、燃气及水生产和供应业	36 035 643. 86	44 900 909. 25	44 348 722. 27
房地产业	19 090 917. 34	26 145 949. 86	31 900 044. 43
文化、体育和娱乐业	8 139 434. 56	13 479 322. 06	17 973 998. 06
租赁和商务服务业	7 442 131. 48	11 157 620. 81	13 546 403. 83
水利、环境和公共设施管理业	4 822 811. 89	6 521 981. 82	6 888 636. 31
农、林、牧、渔业	4 371 398. 71	5 705 660. 62	6 636 417. 24
住宿和餐饮业	1 366 302. 39	2 227 604. 37	3 906 295. 33

续表

行业名称	2015 年	2016 年	2017 年
科学研究和技术服务业	1 412 921. 35	2 174 293. 38	3 003 852. 31
综合	2 335 691. 08	2 856 596. 72	2 994 947. 50
卫生和社会工作	504 893. 27	874 553. 26	1 636 614. 79
教育	73 689. 58	174 265. 82	426 319. 34

表 A－2　国内制造业各子行业 2017 年无形资产总量、均值、最大值及中位数　　单位：万元

行业名称	无形资产总量	均值	最大值	股票简称	中位数	股票简称
电气机械及器材制造业	59 292 868. 00	292 083. 09	6 941 985. 06	青岛海尔	118 873. 81	和晶科技
纺织服装、服饰业	7 647 888. 26	218 511. 09	1 292 708. 93	际华集团	131 976. 78	红豆股份
纺织业	5 196 303. 65	129 907. 59	512 247. 95	鲁泰 A	94 064. 45	宏达高科
非金属矿物制品业	25 053 045. 69	309 296. 86	4 263 138. 47	海螺水泥	94 791. 64	海南瑞泽
废弃资源综合利用业	1 457 947. 87	291 589. 57	460 407. 91	鹏起科技	394 643. 64	东江环保
黑色金属冶炼及压延加工	29 127 604. 80	939 600. 15	5 770 710. 60	宝钢股份	541 142. 05	山东钢铁
化学纤维制造业	3 376 053. 37	160 764. 45	542 444. 58	荣盛石化	132 411. 37	恒天海龙
化学原料及化学制品制造业	40 097 930. 42	190 037. 58	2 201 413. 97	云天化	88 558. 60	百川股份
计算机、通信和其他电子设备制造业	76 056 896. 40	256 948. 97	6 042 879. 01	中兴通讯	111 148. 84	海兰信

续表

行业名称	无形资产总量	均值	最大值	股票简称	中位数	股票简称
家具制造业	2 272 922. 22	126 273. 46	518 981. 62	宜华生活	61 445. 22	好莱客
金属制品业	11 374 134. 33	206 802. 44	3 949 641. 21	中集集团	95 494. 91	哈尔斯
酒、饮料和精制茶制造业	19 112 044. 39	466 147. 42	3 052 888. 63	五粮液	189 811. 83	水井坊
木材加工及木、竹、藤、棕、草制品业	1 452 647. 90	181 580. 99	719 385. 47	大亚圣象	115 353. 06	吉林森工
农副食品加工业	10 293 608. 84	228 746. 86	1 480 626. 99	双汇发展	87 381. 14	海欣食品
皮革、毛皮、羽毛及其制品和制鞋业	1 036 924. 11	115 213. 79	267 557. 26	奥康国际	89 948. 74	哈森股份
其他制造业	3 089 378. 31	171 632. 13	666 957. 86	金洲慈航	104 135. 62	明牌珠宝
汽车制造业	89 050 633. 88	809 551. 22	25 152 437. 33	上汽集团	141 638. 64	中国汽研
石油加工、炼焦及核燃料加工业	4 414 435. 97	259 672. 70	981 268. 55	上海石化	198 437. 14	美锦能源
食品制造业	16 409 511. 58	420 756. 71	5 960 587. 09	伊利股份	128 982. 48	加加食品
铁路、船舶、航空航天和其他运输设备制造业	26 582 337. 07	664 558. 43	11 561 970. 44	中国中车	231 138. 15	中航高科
通用设备制造业	26 678 559. 55	224 189. 58	5 118 058. 69	上海电气	99 364. 06	证通电子

续表

行业名称	无形资产总量	均值	最大值	股票简称	中位数	股票简称
文教、工美、体育和娱乐用品制造业	1 768 498.75	147 374.90	777 293.85	奥飞娱乐	82 593.35	姚记扑克
橡胶和塑料制品业	9 073 980.79	139 599.70	1 068 330.53	金发科技	79 609.94	顺威股份
医药制造业	69 182 452.75	360 325.27	3 266 625.29	复星医药	189 831.77	山大华特
仪器仪表制造业	3 503 623.93	77 858.31	372 526.63	科陆电子	49 290.25	奥普光电
印刷和记录媒介复制业	1 070 483.98	97 316.73	433 308.28	劲嘉股份	75 221.87	界龙实业
有色金属冶炼及压延加工	22 483 154.91	356 875.47	6 024 751.57	中国铝业	131 245.93	博威合金
造纸及纸制品业	5 989 557.39	221 835.46	1 450 232.03	晨鸣纸业	149 545.58	青山纸业
专用设备制造业	37 915 396.55	201 677.64	2 945 343.94	三一重工	88 133.39	标准股份

表 A-3 全国各地区制造业 2017 年无形资产总量、均值、最大值及中位数

单位：万元

地区	无形资产总量	均值	最大值	股票简称	中位数	股票简称
安徽省	20 794 748.93	319 919.21	4 263 138.47	海螺水泥	150 940.72	迎驾贡酒
北京市	68 091 187.54	636 366.24	11 561 970.44	中国中车	213 587.03	东土科技
重庆市	12 446 357.09	497 854.28	4 647 977.46	长安汽车	219 169.92	莱美药业
福建省	11 032 198.92	147 095.99	1 358 168.41	福耀玻璃	71 394.52	三元达
甘肃省	5 352 535.57	267 626.78	2 400 062.50	酒钢宏兴	138 386.36	白银有色

续表

地区	无形资产总量	均值	最大值	股票简称	中位数	股票简称
广东省	100 337 096. 79	294 243. 69	6 708 921. 35	比亚迪	107 988. 59	德奥通航
广西壮族自治区	3 877 797. 88	204 094. 63	667 164. 49	柳工	163 802. 91	银河生物
贵州省	7 004 173. 46	412 010. 20	2 797 354. 20	贵州茅台	205 340. 70	久联发展
海南省	2 258 310. 07	225 831. 01	1 153 949. 51	海马汽车	112 111. 10	海南椰岛
河北省	16 570 031. 39	404 147. 11	4 035 078. 15	长城汽车	128 359. 77	巨力索具
河南省	17 780 247. 23	296 337. 45	1 986 602. 08	神火股份	141 160. 05	太龙药业
黑龙江省	6 444 801. 30	306 895. 30	1 282 849. 36	哈药股份	144 720. 53	恒丰纸业
湖北省	16 965 754. 37	278 127. 12	1 691 116. 67	人福医药	132 997. 46	中元股份
湖南省	13 234 537. 30	232 184. 86	2 746 854. 47	中联重科	97 512. 99	克明面业
吉林省	7 892 831. 83	315 713. 27	1 996 152. 92	一汽轿车	137 140. 01	紫鑫药业
江苏省	39 698 465. 22	152 686. 40	1 607 141. 68	徐工机械	87 416. 16	江苏神通
江西省	9 906 477. 60	330 215. 92	2 043 259. 28	江铃汽车	161 153. 88	洪都航空
辽宁省	10 938 636. 50	273 465. 91	3 008 206. 12	鞍钢股份	118 171. 42	奥克股份
内蒙古自治区	10 811 941. 88	635 996. 58	5 960 587. 09	伊利股份	218 370. 93	内蒙一机
宁夏回族自治区	1 355 401. 21	150 600. 13	313 891. 60	宁夏建材	120 981. 46	东方钽业
青海省	2 782 100. 86	309 122. 32	789 382. 79	盐湖股份	147 209. 30	广誉远

续表

地区	无形资产总量	均值	最大值	股票简称	中位数	股票简称
山东省	47 293 205. 53	347 744. 16	8 960 704. 74	潍柴动力	131 107. 82	东港股份
山西省	6 802 080. 99	295 742. 65	1 982 092. 76	太钢不锈	140 050. 62	山西焦化
陕西省	6 576 377. 45	226 771. 64	1 370 581. 54	中国西电	102 770. 84	彩虹股份
上海市	71 158 586. 34	573 859. 57	25 152 437. 33	上汽集团	104 271. 80	海得控制
四川省	20 338 954. 90	286 464. 15	3 052 888. 63	五粮液	108 104. 94	北化股份
天津市	5 464 103. 49	218 564. 14	1 255 956. 93	天士力	90 739. 79	百利电气
西藏自治区	1 503 680. 02	187 960. 00	684 744. 42	梅花生物	196 627. 90	奇正藏药
新疆维吾尔自治区	7 749 594. 24	322 899. 76	1 884 216. 73	特变电工	162 926. 65	新疆天业
云南省	7 944 811. 76	397 240. 59	2 201 413. 97	云天化	271 631. 31	云内动力
浙江省	49 653 798. 02	179 905. 07	1 956 370. 22	海康威视	94 064. 45	宏达高科

表 A－4　国内制造业 2017 年无形资产总量排名 Top 10 城市

城市名称	2017 年无形资产总量/万元	上市企业数量/家	无形资产均值/万元
上海市	71 158 586. 34	124	573 859. 57
北京市	68 091 187. 54	107	636 366. 24
深圳市	47 467 064. 05	145	327 359. 06
广州市	13 289 325. 93	50	265 786. 52

续表

城市名称	2017 年无形资产总量/万元	上市企业数量/家	无形资产均值/万元
重庆市	12 446 357.09	25	497 854.28
珠海市	12 252 436.65	16	765 777.29
青岛市	11 916 397.86	16	744 774.87
杭州市	11 696 164.82	56	208 860.09
潍坊市	11 109 251.87	11	1 009 931.99
佛山市	10 089 748.58	26	388 067.25

表 A-5 国内制造业 2017 年无形资产总量排名 Top 10 企业

股票代码	股票简称	所属行业	无形资产总量/万元	无形资产总量占比
600104	上汽集团	汽车制造业	25 152 437.33	4.12%
601766	中国中车	铁路、船舶、航空航天和其他运输设备制造业	11 561 970.44	1.90%
000338	潍柴动力	汽车制造业	8 960 704.74	1.47%
600690	青岛海尔	电气机械及器材制造业	6 941 985.06	1.14%
002594	比亚迪	汽车制造业	6 708 921.35	1.10%
000651	格力电器	电气机械及器材制造业	6 660 865.26	1.09%
000063	中兴通讯	计算机、通信和其他电子设备制造业	6 042 879.01	0.99%
601600	中国铝业	有色金属冶炼及压延加工	6 024 751.57	0.99%

续表

股票代码	股票简称	所属行业	无形资产总量/万元	无形资产总量占比
600887	伊利股份	食品制造业	5 960 587.09	0.98%
600019	宝钢股份	黑色金属冶炼及压延加工	5 770 710.60	0.95%

表 A-6　国内制造业各子行业 2017 年第一类无形资产总量

单位：万元

行业名称	第一类无形资产总量	行业名称	第一类无形资产总量
计算机、通信和其他电子设备制造业	519 486.55	纺织业	15 988.64
汽车制造业	315 365.67	金属制品业	15 983.36
铁路、船舶、航空航天和其他运输设备制造业	262 605.26	农副食品加工业	11 744.78
电气机械及器材制造业	161 756.58	造纸及纸制品业	11 636.44
专用设备制造业	122 515.15	石油加工、炼焦及核燃料加工业	8 168.23
通用设备制造业	91 990.79	仪器仪表制造业	7 698.89
医药制造业	86 375.62	化学纤维制造业	6 405.40
化学原料及化学制品制造业	74 719.86	文教、工美、体育和娱乐用品制造业	6 291.67
有色金属冶炼及压延加工	68 774.61	家具制造业	3 752.25
黑色金属冶炼及压延加工	66 539.11	木材加工及木、竹、藤、棕、草制品业	3 257.93

续表

行业名称	第一类无形资产总量	行业名称	第一类无形资产总量
纺织服装、服饰业	52 626.46	其他制造业	2 777.84
非金属矿物制品业	45 859.21	皮革、毛皮、羽毛及其制品和制鞋业	2 017.88
食品制造业	26 725.65	印刷和记录媒介复制业	907.20
酒、饮料和精制茶制造业	25 468.66	废弃资源综合利用业	275.02
橡胶和塑料制品业	24 965.68		

注：第一类无形资产（信息化能力）：软件费。

表 A－7 国内制造业各子行业 2017 年第二类无形资产总量

单位：万元

行业名称	第二类无形资产总量	行业名称	第二类无形资产总量
汽车制造业	31 059 961.28	造纸及纸制品业	2 813 503.88
计算机、通信和其他电子设备制造业	24 463 540.32	食品制造业	2 404 614.66
医药制造业	16 675 733.25	石油加工、炼焦及核燃料加工业	2 103 950.73
黑色金属冶炼及压延加工	15 893 049.45	纺织业	1 792 217.72
化学原料及化学制品制造业	15 847 480.80	纺织服装、服饰业	1 734 293.34
电气机械及器材制造业	15 761 314.43	化学纤维制造业	1 718 164.86

续表

行业名称	第二类无形资产总量	行业名称	第二类无形资产总量
专用设备制造业	15 745 393. 38	仪器仪表制造业	979 358. 34
有色金属冶炼及压延加工	13 838 060. 64	家具制造业	776 272. 54
非金属矿物制品业	12 696 989. 83	废弃资源综合利用业	582 317. 12
铁路、船舶、航空航天和其他运输设备制造业	12 433 519. 38	木材加工及木、竹、藤、棕、草制品业	571 314. 81
通用设备制造业	11 354 106. 63	文教、工美、体育和娱乐用品制造业	411 581. 29
酒、饮料和精制茶制造业	4 338 063. 70	印刷和记录媒介复制业	352 298. 94
金属制品业	4 250 453. 24	其他制造业	316 475. 49
橡胶和塑料制品业	3 435 853. 84	皮革、毛皮、羽毛及其制品和制鞋业	218 911. 34
农副食品加工业	3 049 094. 91		

注：第二类无形资产（创新资产）：研究开发费、专利及专有技术、采矿权、特许权、土地权。

表 A－8　国内制造业各子行业 2017 年第三类无形资产总量

单位：万元

行业名称	第三类无形资产总量	行业名称	第三类无形资产总量
汽车制造业	57 675 306. 94	纺织服装、服饰业	5 860 968. 46

续表

行业名称	第三类无形资产总量	行业名称	第三类无形资产总量
医药制造业	52 420 343. 88	橡胶和塑料制品业	5 613 161. 27
计算机、通信和其他电子设备制造业	51 073 869. 53	纺织业	3 388 097. 29
电气机械及器材制造业	43 369 796. 99	造纸及纸制品业	3 164 417. 07
化学原料及化学制品制造业	24 175 729. 76	其他制造业	2 770 124. 97
专用设备制造业	22 047 488. 03	仪器仪表制造业	2 516 566. 71
通用设备制造业	15 232 462. 14	石油加工、炼焦及核燃料加工业	2 302 317. 01
酒、饮料和精制茶制造业	14 748 512. 03	化学纤维制造业	1 651 483. 12
食品制造业	13 978 171. 26	家具制造业	1 492 897. 44
铁路、船舶、航空航天和其他运输设备制造业	13 886 212. 43	文教、工美、体育和娱乐用品制造业	1 350 625. 79
黑色金属冶炼及压延加工	13 168 016. 23	木材加工及木、竹、藤、棕、草制品业	878 075. 17
非金属矿物制品业	12 310 196. 65	废弃资源综合利用业	875 355. 72
有色金属冶炼及压延加工	8 576 319. 66	皮革、毛皮、羽毛及其制品和制鞋业	815 994. 89
农副食品加工业	7 232 769. 14	印刷和记录媒介复制业	717 277. 84
金属制品业	7 107 697. 74		

注：第三类无形资产（经济竞争力）：广告费、商标费、应付职工薪酬、职工教育经费、董事会薪酬（原始董事会薪酬数据的9%）、董事会费、管理销售费用。

表 A－9　北京市制造业 2017 年各子行业无形资产总量

单位：万元

行业名称	无形资产总量	行业名称	无形资产总量
铁路、船舶、航空航天和其他运输设备制造业	16 383 152.67	电气机械及器材制造业	1 022 721.62
计算机、通信和其他电子设备制造业	13 888 042.05	黑色金属冶炼及压延加工	701 762.57
专用设备制造业	8 531 083.86	金属制品业	665 979.11
造纸及纸制品业	6 146 190.62	食品制造业	615 486.35
医药制造业	4 605 053.74	通用设备制造业	481 077.97
非金属矿物制品业	4 578 682.75	仪器仪表制造业	349 547.12
汽车制造业	4 237 800.23	其他制造业	282 438.11
酒、饮料和精制茶制造业	2 180 839.99	化学原料及化学制品制造业	232 451.60
纺织服装、服饰业	1 802 392.22	家具制造业	101 096.08
农副食品加工业	1 246 825.03	印刷和记录媒介复制业	38 563.85

表 A－10　天津市制造业 2017 年各子行业无形资产总量

单位：万元

行业名称	无形资产总量	行业名称	无形资产总量
医药制造业	3 252 973.72	橡胶和塑料制品业	76 763.34
汽车制造业	655 802.08	金属制品业	62 664.17
专用设备制造业	579 328.95	化学原料及化学制品制造业	14 929.46

续表

行业名称	无形资产总量	行业名称	无形资产总量
电气机械及器材制造业	533 851.63	食品制造业	13 112.16
计算机、通信和其他电子设备制造业	274 677.98		

表 A－11 河北省制造业 2017 年各子行业无形资产总量

单位：万元

行业名称	无形资产总量	行业名称	无形资产总量
汽车制造业	4 461 218.04	纺织业	502 399.96
黑色金属冶炼及压延加工	2 087 129.52	电气机械及器材制造业	442 029.90
非金属矿物制品业	1 653 774.11	专用设备制造业	375 380.46
医药制造业	1 554 745.58	仪器仪表制造业	141 672.93
化学原料及化学制品制造业	1 496 769.92	橡胶和塑料制品业	77 868.46
计算机、通信和其他电子设备制造业	976 725.50	农副食品加工业	69 628.43
金属制品业	846 932.96	皮革、毛皮、羽毛及其制品和制鞋业	68 816.75
酒、饮料和精制茶制造业	608 767.63	通用设备制造业	68 232.95
铁路、船舶、航空航天和其他运输设备制造业	582 149.76	有色金属冶炼及压延加工	16 451.32
石油加工、炼焦及核燃料加工业	539 337.21		

表 A－12　山西省制造业 2017 年各子行业无形资产总量

单位：万元

行业名称	无形资产总量	行业名称	无形资产总量
黑色金属冶炼及压延加工	2 175 242. 34	石油加工、炼焦及核燃料加工业	379 066. 77
通用设备制造业	1 375 895. 96	非金属矿物制品业	144 156. 70
化学原料及化学制品制造业	1 356 880. 96	铁路、船舶、航空航天和其他运输设备制造业	122 782. 04
酒、饮料和精制茶制造业	628 035. 35	有色金属冶炼及压延加工	104 059. 25
专用设备制造业	505 023. 35	计算机、通信和其他电子设备制造业	10 938. 27

表 A－13　内蒙古自治区制造业 2017 年各子行业无形资产总量

单位：万元

行业名称	无形资产总量	行业名称	无形资产总量
食品制造业	5 960 587. 09	铁路、船舶、航空航天和其他运输设备制造业	218 370. 93
化学原料及化学制品制造业	1 833 271. 08	专用设备制造业	96 085. 24
黑色金属冶炼及压延加工	1 758 805. 93	农副食品加工业	21 757. 92
医药制造业	498 863. 15	纺织业	18 329. 28
有色金属冶炼及压延加工	405 871. 26		

表 A－14　辽宁省制造业 2017 年各子行业无形资产总量

单位：万元

行业名称	无形资产总量	行业名称	无形资产总量
黑色金属冶炼及压延加工	4 273 529.45	农副食品加工业	226 614.99
通用设备制造业	1 472 573.45	食品制造业	110 028.51
石油加工、炼焦及核燃料加工业	1 310 528.81	电气机械及器材制造业	77 615.25
汽车制造业	800 787.92	废弃资源综合利用业	72 618.99
专用设备制造业	780 001.74	金属制品业	60 362.29
医药制造业	594 478.95	计算机、通信和其他电子设备制造业	29 748.36
有色金属冶炼及压延加工	467 403.68	其他制造业	19 867.63
化学原料及化学制品制造业	396 588.16	非金属矿物制品业	11 584.00
化学纤维制造业	234 304.32		

表 A－15　吉林省制造业 2017 年各子行业无形资产总量

单位：万元

行业名称	无形资产总量	行业名称	无形资产总量
汽车制造业	2 556 572.31	计算机、通信和其他电子设备制造业	114 224.26
医药制造业	2 162 667.78	化学纤维制造业	94 831.58
非金属矿物制品业	1 806 239.24	化学原料及化学制品制造业	56 025.08
有色金属冶炼及压延加工	674 069.42	仪器仪表制造业	49 290.25
专用设备制造业	192 881.73	电气机械及器材制造业	45 544.74
木材加工及木、竹、藤、棕、草制品业	115 353.06	酒、饮料和精制茶制造业	25 132.36

表 A－16　黑龙江省制造业 2017 年各子行业无形资产总量

单位：万元

行业名称	无形资产总量	行业名称	无形资产总量
医药制造业	2 992 066. 18	汽车制造业	93 425. 55
专用设备制造业	917 835. 39	橡胶和塑料制品业	77 793. 02
铁路、船舶、航空航天和其他运输设备制造业	838 642. 11	化学原料及化学制品制造业	37 923. 31
其他制造业	722 609. 93	农副食品加工业	32 995. 75
电气机械及器材制造业	322 871. 63	计算机、通信和其他电子设备制造业	9 893. 49
石油加工、炼焦及核燃料加工业	246 038. 70	有色金属冶炼及压延加工	7 985. 72
造纸及纸制品业	144 720. 53		

表 A－17　上海市制造业 2017 年各子行业无形资产总量

单位：万元

行业名称	无形资产总量	行业名称	无形资产总量
汽车制造业	29 785 549. 05	纺织服装、服饰业	808 736. 44
通用设备制造业	6 940 745. 82	其他制造业	584 643. 76
医药制造业	6 105 899. 35	废弃资源综合利用业	460 407. 91
黑色金属冶炼及压延加工	5 787 293. 74	非金属矿物制品业	408 246. 31
化学原料及化学制品制造业	4 525 741. 15	酒、饮料和精制茶制造业	392 490. 25
食品制造业	3 398 624. 93	造纸及纸制品业	291 583. 42

续表

行业名称	无形资产总量	行业名称	无形资产总量
电气机械及器材制造业	2 898 842.39	文教、工美、体育和娱乐用品制造业	265 043.76
专用设备制造业	2 606 839.13	纺织业	256 605.48
计算机、通信和其他电子设备制造业	1 905 088.85	金属制品业	94 213.03
铁路、船舶、航空航天和其他运输设备制造业	1 562 933.20	有色金属冶炼及压延加工	93 613.53
石油加工、炼焦及核燃料加工业	981 268.55	印刷和记录媒介复制业	75 221.87
橡胶和塑料制品业	863 698.48	仪器仪表制造业	65 255.95

表 A-18　江苏省制造业 2017 年各子行业无形资产总量

单位：万元

行业名称	无形资产总量	行业名称	无形资产总量
电气机械及器材制造业	6 468 465.91	铁路、船舶、航空航天和其他运输设备制造业	880 973.27
计算机、通信和其他电子设备制造业	5 856 888.24	木材加工及木、竹、藤、棕、草制品业	861 012.22
医药制造业	3 950 647.95	有色金属冶炼及压延加工	828 097.70
专用设备制造业	3 490 483.89	橡胶和塑料制品业	826 968.52
通用设备制造业	2 934 556.53	仪器仪表制造业	465 109.14
化学原料及化学制品制造业	2 718 209.83	化学纤维制造业	324 658.16

续表

行业名称	无形资产总量	行业名称	无形资产总量
酒、饮料和精制茶制造业	2 366 264. 12	食品制造业	150 983. 41
汽车制造业	1 784 226. 36	皮革、毛皮、羽毛及其制品和制鞋业	89 948. 74
金属制品业	1 577 012. 18	家具制造业	80 528. 54
黑色金属冶炼及压延加工	1 067 512. 24	石油加工、炼焦及核燃料加工业	13 932. 59
纺织服装、服饰业	1 030 281. 53	农副食品加工业	26. 78
纺织业	1 006 656. 96	文教、工美、体育和娱乐用品制造业	25. 69
非金属矿物制品业	924 994. 74		

表 A－19　浙江省制造业 2017 年各子行业无形资产总量

单位：万元

行业名称	无形资产总量	行业名称	无形资产总量
医药制造业	6 591 016. 68	纺织业	874 470. 18
计算机、通信和其他电子设备制造业	5 976 175. 80	家具制造业	810 807. 16
电气机械及器材制造业	5 885 436. 33	非金属矿物制品业	761 226. 68
汽车制造业	5 671 216. 19	其他制造业	627 751. 39
化学原料及化学制品制造业	4 673 773. 48	有色金属冶炼及压延加工	590 067. 62
通用设备制造业	4 511 905. 16	皮革、毛皮、羽毛及其制品和制鞋业	402 084. 70
专用设备制造业	1 995 164. 13	造纸及纸制品业	354 034. 46

续表

行业名称	无形资产总量	行业名称	无形资产总量
金属制品业	1 910 460.57	酒、饮料和精制茶制造业	285 414.10
纺织服装、服饰业	1 824 321.62	文教、工美、体育和娱乐用品制造业	243 727.84
化学纤维制造业	1 565 911.12	铁路、船舶、航空航天和其他运输设备制造业	233 216.68
橡胶和塑料制品业	1 155 504.05	黑色金属冶炼及压延加工	232 065.18
仪器仪表制造业	1 153 569.37	农副食品加工业	207 230.75
食品制造业	987 889.06	木材加工及木、竹、藤、棕、草制品业	129 357.74

表 A－20　安徽省制造业 2017 年各子行业无形资产总量

单位：万元

行业名称	无形资产总量	行业名称	无形资产总量
非金属矿物制品业	4 343 480.48	通用设备制造业	540 516.46
汽车制造业	3 853 544.31	专用设备制造业	501 876.30
电气机械及器材制造业	2 229 460.51	计算机、通信和其他电子设备制造业	492 601.79
化学原料及化学制品制造业	1 696 134.14	造纸及纸制品业	478 454.57
酒、饮料和精制茶制造业	1 602 665.55	医药制造业	402 723.26
黑色金属冶炼及压延加工	1 165 221.74	农副食品加工业	256 142.46
橡胶和塑料制品业	1 122 569.69	金属制品业	219 552.95

续表

行业名称	无形资产总量	行业名称	无形资产总量
有色金属冶炼及压延加工	1 119 417.66	化学纤维制造业	193 511.18
纺织业	571 837.34	印刷和记录媒介复制业	5 038.51

表 A－21　福建省制造业 2017 年各子行业无形资产总量

单位：万元

行业名称	无形资产总量	行业名称	无形资产总量
计算机、通信和其他电子设备制造业	1 983 030.73	化学原料及化学制品制造业	198 899.72
非金属矿物制品业	1 578 000.79	农副食品加工业	177 475.12
专用设备制造业	1 551 374.31	橡胶和塑料制品业	113 418.06
汽车制造业	1 102 106.28	其他制造业	109 061.08
医药制造业	738 104.06	纺织业	97 113.54
纺织服装、服饰业	736 863.40	印刷和记录媒介复制业	83 593.72
有色金属冶炼及压延加工	670 342.86	黑色金属冶炼及压延加工	79 655.03
造纸及纸制品业	453 794.11	酒、饮料和精制茶制造业	70 695.57
电气机械及器材制造业	438 994.20	皮革、毛皮、羽毛及其制品和制鞋业	69 330.52
通用设备制造业	306 962.11	金属制品业	40 132.82
家具制造业	218 845.40	仪器仪表制造业	29.76
食品制造业	214 375.72		

表 A-22 江西省制造业 2017 年各子行业无形资产总量

单位：万元

行业名称	无形资产总量	行业名称	无形资产总量
汽车制造业	2 043 259.28	非金属矿物制品业	383 303.62
有色金属冶炼及压延加工	1 499 096.13	通用设备制造业	305 754.58
黑色金属冶炼及压延加工	1 403 149.45	计算机、通信和其他电子设备制造业	193 617.95
化学原料及化学制品制造业	1 279 961.20	铁路、船舶、航空航天和其他运输设备制造业	161 153.88
医药制造业	1 050 196.05	仪器仪表制造业	127 868.26
电气机械及器材制造业	852 546.04	专用设备制造业	123 640.30
农副食品加工业	482 930.86		

表 A-23 山东省制造业 2017 年各子行业无形资产总量

单位：万元

行业名称	无形资产总量	行业名称	无形资产总量
汽车制造业	10 467 857.18	纺织业	844 943.62
电气机械及器材制造业	9 205 185.92	非金属矿物制品业	728 701.30
化学原料及化学制品制造业	4 608 762.30	黑色金属冶炼及压延加工	541 142.05
医药制造业	4 385 228.65	金属制品业	321 218.99
计算机、通信和其他电子设备制造业	3 749 737.06	化学纤维制造业	218 516.56
专用设备制造业	2 751 857.20	印刷和记录媒介复制业	131 107.82

续表

行业名称	无形资产总量	行业名称	无形资产总量
造纸及纸制品业	2 617 362.48	纺织服装、服饰业	103 568.02
酒、饮料和精制茶制造业	2 081 116.24	皮革、毛皮、羽毛及其制品和制鞋业	75 579.20
通用设备制造业	1 283 366.38	木材加工及木、竹、藤、棕、草制品业	56 512.75
橡胶和塑料制品业	1 219 716.12	食品制造业	49 669.77
有色金属冶炼及压延加工	956 264.76	石油加工、炼焦及核燃料加工业	19 736.43
农副食品加工业	876 054.74		

表 A-24　河南省制造业 2017 年各子行业无形资产总量

单位：万元

行业名称	无形资产总量	行业名称	无形资产总量
有色金属冶炼及压延加工	3 534 921.65	计算机、通信和其他电子设备制造业	531 645.63
专用设备制造业	2 351 480.50	橡胶和塑料制品业	378 195.01
汽车制造业	1 862 758.64	化学纤维制造业	292 208.72
农副食品加工业	1 742 530.80	通用设备制造业	279 920.20
电气机械及器材制造业	1 287 165.33	仪器仪表制造业	255 314.46
非金属矿物制品业	1 169 481.07	皮革、毛皮、羽毛及其制品和制鞋业	168 833.44
黑色金属冶炼及压延加工	1 025 085.23	纺织业	162 226.37
化学原料及化学制品制造业	960 026.89	造纸及纸制品业	135 012.68

续表

行业名称	无形资产总量	行业名称	无形资产总量
医药制造业	764 994.89	金属制品业	111 481.97
食品制造业	731 044.19	铁路、船舶、航空航天和其他运输设备制造业	35 919.56

表 A－25　湖北省制造业 2017 年各子行业无形资产总量

单位：万元

行业名称	无形资产总量	行业名称	无形资产总量
计算机、通信和其他电子设备制造业	4 261 696.93	通用设备制造业	257 719.63
医药制造业	2 947 937.25	黑色金属冶炼及压延加工	205 672.87
化学原料及化学制品制造业	2 738 942.51	橡胶和塑料制品业	144 774.55
非金属矿物制品业	1 683 134.20	纺织服装、服饰业	85 003.33
汽车制造业	1 424 174.09	其他制造业	50 669.48
专用设备制造业	1 325 176.10	仪器仪表制造业	40 652.24
铁路、船舶、航空航天和其他运输设备制造业	700 605.26	石油加工、炼焦及核燃料加工业	38 784.81
电气机械及器材制造业	686 286.88	农副食品加工业	24 404.63
食品制造业	350 119.63		

表 A-26　湖南省制造业 2017 年各子行业无形资产总量

单位：万元

行业名称	无形资产总量	行业名称	无形资产总量
专用设备制造业	3 681 707.78	化学原料及化学制品制造业	377 906.43
黑色金属冶炼及压延加工	1 887 091.63	纺织业	352 517.03
医药制造业	1 743 004.67	有色金属冶炼及压延加工	315 579.61
计算机、通信和其他电子设备制造业	913 720.67	食品制造业	266 455.94
橡胶和塑料制品业	732 130.21	酒、饮料和精制茶制造业	131 576.65
电气机械及器材制造业	669 520.15	铁路、船舶、航空航天和其他运输设备制造业	81 229.27
通用设备制造业	574 277.30	印刷和记录媒介复制业	69 145.68
农副食品加工业	494 395.29	汽车制造业	68 719.65
非金属矿物制品业	409 371.66	石油加工、炼焦及核燃料加工业	34 338.60
造纸及纸制品业	399 125.84	金属制品业	32 723.23

表 A-27　广东省制造业 2017 年各子行业无形资产总量

单位：万元

行业名称	无形资产总量	行业名称	无形资产总量
计算机、通信和其他电子设备制造业	29 398 704.38	家具制造业	1 049 062.62
电气机械及器材制造业	20 466 515.03	纺织服装、服饰业	1 027 392.06
医药制造业	11 781 320.08	造纸及纸制品业	834 823.36

续表

行业名称	无形资产总量	行业名称	无形资产总量
汽车制造业	10 146 413.73	废弃资源综合利用业	825 559.75
金属制品业	4 991 788.01	酒、饮料和精制茶制造业	676 131.26
专用设备制造业	3 205 364.02	印刷和记录媒介复制业	643 436.26
橡胶和塑料制品业	1 907 627.45	仪器仪表制造业	586 433.56
化学原料及化学制品制造业	1 838 990.92	其他制造业	432 701.29
食品制造业	1 701 143.83	黑色金属冶炼及压延加工	207 135.85
有色金属冶炼及压延加工	1 466 522.64	纺织业	194 926.71
农副食品加工业	1 399 495.35	皮革、毛皮、羽毛及其制品和制鞋业	162 330.76
非金属矿物制品业	1 378 736.24	木材加工及木、竹、藤、棕、草制品业	104 714.41
通用设备制造业	1 345 821.51	化学纤维制造业	70 959.62
文教、工美、体育和娱乐用品制造业	1 259 701.47	石油加工、炼焦及核燃料加工业	39 695.73
铁路、船舶、航空航天和其他运输设备制造业	1 193 648.89		

表 A－28　广西壮族自治区制造业 2017 年各子行业无形资产总量

单位：万元

行业名称	无形资产总量	行业名称	无形资产总量
医药制造业	772 612.48	农副食品加工业	220 770.76

续表

行业名称	无形资产总量	行业名称	无形资产总量
专用设备制造业	667 164. 49	电气机械及器材制造业	163 802. 91
食品制造业	597 473. 61	造纸及纸制品业	162 257. 72
化学原料及化学制品制造业	482 357. 23	汽车制造业	113 040. 83
化学纤维制造业	381 152. 12	木材加工及木、竹、藤、棕、草制品业	93 302. 58
黑色金属冶炼及压延加工	223 863. 15		

表 A－29　海南省制造业 2017 年各子行业无形资产总量　　单位：万元

行业名称	无形资产总量	行业名称	无形资产总量
汽车制造业	1 153 983. 67	酒、饮料和精制茶制造业	112 111. 10
医药制造业	506 038. 62	非金属矿物制品业	94 791. 64
有色金属冶炼及压延加工	340 388. 82	纺织业	50 996. 21

表 A－30　重庆市制造业 2017 年各子行业无形资产总量　　单位：万元

行业名称	无形资产总量	行业名称	无形资产总量
汽车制造业	5 873 950. 49	酒、饮料和精制茶制造业	362 999. 01
医药制造业	2 210 570. 51	仪器仪表制造业	199 735. 20
化学原料及化学制品制造业	1 135 850. 10	非金属矿物制品业	105 673. 72

续表

行业名称	无形资产总量	行业名称	无形资产总量
黑色金属冶炼及压延加工	1 079 666. 37	食品制造业	104 383. 09
铁路、船舶、航空航天和其他运输设备制造业	847 489. 43	电气机械及器材制造业	14 122. 46
计算机、通信和其他电子设备制造业	511 916. 72		

表 A –31　四川省制造业 2017 年各子行业无形资产总量

单位：万元

行业名称	无形资产总量	行业名称	无形资产总量
酒、饮料和精制茶制造业	4 163 111. 22	非金属矿物制品业	228 453. 63
计算机、通信和其他电子设备制造业	3 748 230. 09	金属制品业	162 907. 84
通用设备制造业	2 684 975. 72	木材加工及木、竹、藤、棕、草制品业	92 395. 14
化学原料及化学制品制造业	2 620 502. 31	电气机械及器材制造业	59 116. 24
农副食品加工业	1 939 045. 84	橡胶和塑料制品业	36 172. 23
医药制造业	1 878 178. 38	造纸及纸制品业	36 028. 14
专用设备制造业	1 072 258. 75	食品制造业	31 162. 82
汽车制造业	658 496. 13	纺织服装、服饰业	29 417. 91
有色金属冶炼及压延加工	636 876. 60	家具制造业	12 582. 41
铁路、船舶、航空航天和其他运输设备制造业	242 384. 75	纺织业	6 658. 73

表 A－32　贵州省制造业 2017 年各子行业无形资产总量

单位：万元

行业名称	无形资产总量	行业名称	无形资产总量
酒、饮料和精制茶制造业	2 797 354.20	橡胶和塑料制品业	268 022.94
医药制造业	2 106 155.69	汽车制造业	218 209.56
通用设备制造业	511 012.47	电气机械及器材制造业	162 891.05
计算机、通信和其他电子设备制造业	444 253.84	金属制品业	62 199.11
化学原料及化学制品制造业	430 891.70	印刷和记录媒介复制业	3 182.89

表 A－33　云南省制造业 2017 年各子行业无形资产总量

单位：万元

行业名称	无形资产总量	行业名称	无形资产总量
医药制造业	2 438 954.04	食品制造业	201 250.39
化学原料及化学制品制造业	2 217 447.20	橡胶和塑料制品业	17 874.08
有色金属冶炼及压延加工	2 088 389.39	汽车制造业	17 522.29
石油加工、炼焦及核燃料加工业	574 231.69	非金属矿物制品业	4 704.81
通用设备制造业	384 437.88		

表 A－34　西藏自治区制造业 2017 年各子行业无形资产总量

单位：万元

行业名称	无形资产总量	行业名称	无形资产总量
医药制造业	795 717.52	酒、饮料和精制茶制造业	12 965.94
食品制造业	684 744.42	化学原料及化学制品制造业	10 252.15

表 A－35　陕西省制造业 2017 年各子行业无形资产总量

单位：万元

行业名称	无形资产总量	行业名称	无形资产总量
电气机械及器材制造业	2 548 410.57	通用设备制造业	194 476.65
铁路、船舶、航空航天和其他运输设备制造业	1 943 574.98	医药制造业	113 927.36
计算机、通信和其他电子设备制造业	407 323.53	废弃资源综合利用业	99 361.22
专用设备制造业	351 885.91	化学原料及化学制品制造业	93 663.55
有色金属冶炼及压延加工	262 176.84	印刷和记录媒介复制业	90 339.07
石油加工、炼焦及核燃料加工业	237 476.09	造纸及纸制品业	5 412.43
非金属矿物制品业	228 349.24		

表 A－36　甘肃省制造业 2017 年各子行业无形资产总量

单位：万元

行业名称	无形资产总量	行业名称	无形资产总量
黑色金属冶炼及压延加工	2 400 062.50	酒、饮料和精制茶制造业	206 409.46
非金属矿物制品业	1 027 173.97	电气机械及器材制造业	186 267.04
医药制造业	349 551.65	专用设备制造业	183 533.75
计算机、通信和其他电子设备制造业	262 574.87	有色金属冶炼及压延加工	138 386.36
其他制造业	259 635.64	橡胶和塑料制品业	54 884.58
化学原料及化学制品制造业	236 702.75	纺织业	47 353.00

表 A－37　宁夏回族自治区制造业 2017 年各子行业无形资产总量

单位：万元

行业名称	无形资产总量	行业名称	无形资产总量
非金属矿物制品业	395 955.44	有色金属冶炼及压延加工	120 981.46
金属制品业	214 505.11	造纸及纸制品业	76 947.64
纺织业	209 269.25	化学原料及化学制品制造业	73 948.23
纺织服装、服饰业	199 911.73	通用设备制造业	63 882.36

表 A－38　青海省制造业 2017 年各子行业无形资产总量

单位：万元

行业名称	无形资产总量	行业名称	无形资产总量
化学原料及化学制品制造业	845 675.34	酒、饮料和精制茶制造业	195 080.04
电气机械及器材制造业	727 293.31	食品制造业	113 221.02
黑色金属冶炼及压延加工	497 194.49	通用设备制造业	111 915.34
医药制造业	291 721.34		

表 A－39　新疆维吾尔自治区制造业 2017 年各子行业无形资产总量

单位：万元

行业名称	无形资产总量	行业名称	无形资产总量
电气机械及器材制造业	1 897 910.97	黑色金属冶炼及压延加工	329 323.48
通用设备制造业	1 424 429.10	医药制造业	221 207.22
非金属矿物制品业	1 004 829.33	酒、饮料和精制茶制造业	212 884.36

续表

行业名称	无形资产总量	行业名称	无形资产总量
化学原料及化学制品制造业	908 451.71	食品制造业	127 755.65
农副食品加工业	875 283.33	计算机、通信和其他电子设备制造业	115 439.42
铁路、船舶、航空航天和其他运输设备制造业	554 110.39	专用设备制造业	77 969.27

表 A－40　国内制造业各子行业 2015—2017 年“无形资产/有形资产”增量

行业名称	“无形资产/有形资产”增量	行业名称	“无形资产/有形资产”增量
文教、工美、体育和娱乐用品制造业	0.630 0	铁路、船舶、航空航天和其他运输设备制造业	0.082 2
其他制造业	0.366 6	通用设备制造业	0.078 2
家具制造业	0.303 8	金属制品业	0.058 5
印刷和记录媒介复制业	0.282 4	橡胶和塑料制品业	0.048 0
计算机、通信和其他电子设备制造业	0.231 1	非金属矿物制品业	0.044 2
专用设备制造业	0.193 7	有色金属冶炼及压延加工	0.042 1
汽车制造业	0.187 6	黑色金属冶炼及压延加工	0.042 1
皮革、毛皮、羽毛及其制品和制鞋业	0.185 4	废弃资源综合利用业	0.015 7

续表

行业名称	"无形资产/有形资产" 增量	行业名称	"无形资产/有形资产" 增量
电气机械及器材制造业	0.185 0	化学原料及化学制品制造业	-0.020 3
纺织服装、服饰业	0.149 7	酒、饮料和精制茶制造业	-0.038 7
仪器仪表制造业	0.140 1	造纸及纸制品业	-0.084 2
医药制造业	0.113 0	化学纤维制造业	-0.138 9
纺织业	0.112 6	木材加工及木、竹、藤、棕、草制品业	-0.150 5
农副食品加工业	0.109 8	石油加工、炼焦及核燃料加工业	-0.165 0
食品制造业	0.095 4		

表 A-41 国内制造业各子行业 2015—2017 年"第一类无形资产/有形资产"增量

行业名称	"第一类无形资产/有形资产" 增量	行业名称	"第一类无形资产/有形资产" 增量
木材加工及木、竹、藤、棕、草制品业	0.001 03	其他制造业	-0.000 40
纺织业	0.000 63	废弃资源综合利用业	-0.000 40
文教、工美、体育和娱乐用品制造业	0.000 36	化学原料及化学制品制造业	-0.000 43
金属制品业	0.000 25	石油加工、炼焦及核燃料加工业	-0.000 43

续表

行业名称	“第一类无形资产/有形资产”增量	行业名称	“第一类无形资产/有形资产”增量
仪器仪表制造业	0.000 23	医药制造业	-0.000 45
非金属矿物制品业	0.000 09	通用设备制造业	-0.000 51
黑色金属冶炼及压延加工	0.000 02	纺织服装、服饰业	-0.000 63
食品制造业	-0.000 02	电气机械及器材制造业	-0.000 64
橡胶和塑料制品业	-0.000 03	造纸及纸制品业	-0.000 64
化学纤维制造业	-0.000 07	汽车制造业	-0.000 66
农副食品加工业	-0.000 09	有色金属冶炼及压延加工	-0.000 74
家具制造业	-0.000 13	专用设备制造业	-0.001 04
酒、饮料和精制茶制造业	-0.000 30	计算机、通信和其他电子设备制造业	-0.001 62
印刷和记录媒介复制业	-0.000 33	铁路、船舶、航空航天和其他运输设备制造业	-0.001 88
皮革、毛皮、羽毛及其制品和制鞋业	-0.000 39		

表 A－42　国内制造业各子行业 2015—2017 年“第二类无形资产/有形资产”增量

行业名称	“第二类无形资产/有形资产”增量	行业名称	“第二类无形资产/有形资产”增量
通用设备制造业	0. 016 4	仪器仪表制造业	－0. 009 8
非金属矿物制品业	0. 016 5	橡胶和塑料制品业	－0. 010 4
黑色金属冶炼及压延加工	0. 023 2	皮革、毛皮、羽毛及其制品和制鞋业	－0. 011 5
汽车制造业	0. 026 2	医药制造业	－0. 014 0
有色金属冶炼及压延加工	0. 030 1	金属制品业	－0. 016 7
农副食品加工业	0. 034 3	食品制造业	－0. 016 8
印刷和记录媒介复制业	0. 038 1	酒、饮料和精制茶制造业	－0. 024 8
计算机、通信和其他电子设备制造业	0. 041 7	其他制造业	－0. 048 1
文教、工美、体育和娱乐用品制造业	0. 042 2	造纸及纸制品业	－0. 049 7
专用设备制造业	0. 052 4	化学原料及化学制品制造业	－0. 059 9
纺织业	0. 014 2	化学纤维制造业	－0. 084 8
家具制造业	0. 011 5	石油加工、炼焦及核燃料加工业	－0. 088 0
铁路、船舶、航空航天和其他运输设备制造业	0. 009 4	木材加工及木、竹、藤、棕、草制品业	－0. 101 3
电气机械及器材制造业	0. 007 1	废弃资源综合利用业	－0. 277 8
纺织服装、服饰业	－0. 004 0		

表 A－43　国内制造业各子行业 2015—2017 年“第三类无形资产/有形资产”增量

行业名称	“第三类无形资产/有形资产”增量	行业名称	“第三类无形资产/有形资产”增量
文教、工美、体育和娱乐用品制造业	0.587 4	农副食品加工业	0.075 6
其他制造业	0.415 1	金属制品业	0.074 9
废弃资源综合利用业	0.293 8	铁路、船舶、航空航天和其他运输设备制造业	0.074 6
家具制造业	0.292 4	通用设备制造业	0.062 3
印刷和记录媒介复制业	0.244 7	橡胶和塑料制品业	0.058 4
皮革、毛皮、羽毛及其制品和制鞋业	0.197 3	化学原料及化学制品制造业	0.040 0
计算机、通信和其他电子设备制造业	0.191 0	非金属矿物制品业	0.027 6
电气机械及器材制造业	0.178 6	黑色金属冶炼及压延加工	0.018 9
汽车制造业	0.162 1	有色金属冶炼及压延加工	0.012 7
纺织服装、服饰业	0.154 4	酒、饮料和精制茶制造业	－0.013 7
仪器仪表制造业	0.149 7	造纸及纸制品业	－0.033 8
专用设备制造业	0.142 3	木材加工及木、竹、藤、棕、草制品业	－0.050 3
医药制造业	0.127 4	化学纤维制造业	－0.054 1
食品制造业	0.112 3	石油加工、炼焦及核燃料加工业	－0.076 5
纺织业	0.097 8		

表 A－44　国内制造业各子行业 2017 年 Tobin'Q 值

行业名称	新 Tobin'Q 值	传统 Tobin'Q 值	行业名称	新 Tobin'Q 值	传统 Tobin'Q 值
电气机械及器材制造业	2. 062 746	2. 848 953	其他制造业	1. 767 722	2. 465 915
纺织服装、服饰业	1. 885 622	2. 905 598	汽车制造业	1. 513 530	2. 161 860
纺织业	1. 853 215	2. 748 628	石油加工、炼焦及核燃料加工业	2. 001 324	3. 436 554
非金属矿物制品业	1. 830 054	2. 605 647	食品制造业	2. 342 084	3. 574 777
废弃资源综合利用业	3. 217 830	4. 950 030	铁路、船舶、航空航天等运输设备制造业	3. 054 297	6. 046 157
黑色金属冶炼及压延加工	1. 425 440	2. 079 639	通用设备制造业	2. 480 876	3. 641 024
化学纤维制造业	1. 401 877	1. 956 247	文教、工美、体育和娱乐用品制造业	2. 847 174	4. 317 643
化学原料及化学制品制造业	2. 224 165	3. 038 692	橡胶和塑料制品业	2. 218 049	3. 028 499
计算机、通信和其他电子设备制造业	2. 488 970	3. 753 844	医药制造业	2. 263 107	3. 741 259
家具制造业	2. 187 125	3. 315 905	仪器仪表制造业	3. 423 761	4. 844 621
金属制品业	1. 694 958	2. 235 973	印刷和记录媒介复制业	2. 601 077	3. 282 429

续表

行业名称	新 Tobin'Q 值	传统 Tobin'Q 值	行业名称	新 Tobin'Q 值	传统 Tobin'Q 值
酒、饮料和精制茶制造业	1. 974 482	3. 353 036	有色金属冶炼及压延加工	1. 661 91	2. 246 871
木材加工及木、竹、藤、棕、草制品业	2. 008 35	3. 095 588	造纸及纸制品业	1. 756 867	2. 320 204
农副食品加工业	2. 512 959	3. 887 287	专用设备制造业	2. 309 502	3. 182 232
皮革、毛皮、羽毛及其制品和制鞋业	1. 536 645	2. 407 269			

表 A－45　新材料产业 A 股上市企业名单

证券简称	证券代码	所属证监会行业名称	地区
三维丝	300056	专用设备制造业	福建省
四通新材	300428	有色金属冶炼及压延加工	河北省
东方锆业	002167	有色金属冶炼及压延加工	广东省
贵研铂业	600459	有色金属冶炼及压延加工	云南省
钢研高纳	300034	有色金属冶炼及压延加工	北京市
博威合金	601137	有色金属冶炼及压延加工	浙江省
德威新材	300325	橡胶和塑料制品业	江苏省
银禧科技	300221	橡胶和塑料制品业	广东省

续表

证券简称	证券代码	所属证监会行业名称	地区
天晟新材	300169	橡胶和塑料制品业	江苏省
王子新材	002735	橡胶和塑料制品业	广东省
普利特	002324	橡胶和塑料制品业	上海市
中航高科	600862	铁路、船舶、航空航天和其他运输设备制造业	江苏省
先锋新材	300163	其他制造业	浙江省
光启技术	002625	汽车制造业	浙江省
同益股份	300538	批发业	广东省
火炬电子	603678	计算机、通信和其他电子设备制造业	福建省
科恒股份	300340	计算机、通信和其他电子设备制造业	广东省
飞荣达	300602	计算机、通信和其他电子设备制造业	广东省
太辰光	300570	计算机、通信和其他电子设备制造业	广东省
扬子新材	002652	金属制品业	江苏省
宜安科技	300328	金属制品业	广东省
红宇新材	300345	金属制品业	湖南省
新劲刚	300629	金属制品业	广东省
安泰科技	000969	金属制品业	北京

续表

证券简称	证券代码	所属证监会行业名称	地区
红宝丽	002165	化学原料及化学制品制造业	江苏省
国瓷材料	300285	化学原料及化学制品制造业	山东省
乐凯新材	300446	化学原料及化学制品制造业	河北省
洪汇新材	002802	化学原料及化学制品制造业	江苏省
广信材料	300537	化学原料及化学制品制造业	江苏省
康达新材	002669	化学原料及化学制品制造业	上海市
利安隆	300596	化学原料及化学制品制造业	天津市
高盟新材	300200	化学原料及化学制品制造业	北京市
兆新股份	002256	化学原料及化学制品制造业	广东省
东材科技	601208	化学原料及化学制品制造业	四川省
鼎龙股份	300054	化学原料及化学制品制造业	湖北省
新纶科技	002341	化学原料及化学制品制造业	广东省
飞凯材料	300398	化学原料及化学制品制造业	上海市
泰和新材	002254	化学纤维制造业	山东省
九鼎新材	002201	非金属矿物制品业	江苏省
三祥新材	603663	非金属矿物制品业	福建省

续表

证券简称	证券代码	所属证监会行业名称	地区
豫金刚石	300064	非金属矿物制品业	河南省
中材科技	002080	非金属矿物制品业	江苏省
易成新能	300080	非金属矿物制品业	河南省
黄河旋风	600172	非金属矿物制品业	河南省
三超新材	300554	非金属矿物制品业	江苏省
博云新材	002297	非金属矿物制品业	湖南省
永鼎股份	600105	电气机械及器材制造业	江苏省
中科新材	002290	电气机械及器材制造业	江苏省
深圳惠程	002168	电气机械及器材制造业	广东省

表 A－46　新能源产业 A 股上市企业名单

证券简称	证券代码	所属证监会行业名称	地区
宝新能源	000690	电力、热力生产和供应业	广东省
中核科技	000777	通用设备制造业	江苏省
银星能源	000862	电力、热力生产和供应业	宁夏回族自治区
凯迪生态	000939	电力、热力生产和供应业	湖北省
诚志股份	000990	化学原料及化学制品制造业	江西省

续表

证券简称	证券代码	所属证监会行业名称	地区
精功科技	002006	专用设备制造业	浙江省
沃尔核材	002130	计算机、通信和其他电子设备制造业	广东省
金风科技	002202	通用设备制造业	新疆维吾尔自治区
南洋股份	002212	电气机械及器材制造业	广东省
拓日新能	002218	电气机械及器材制造业	广东省
台海核电	002366	专用设备制造业	四川省
天龙光电	300029	专用设备制造业	江苏省
乾照光电	300102	计算机、通信和其他电子设备制造业	福建省
阳光电源	300274	电气机械及器材制造业	安徽省
航天机电	600151	计算机、通信和其他电子设备制造业	上海市
华仪电气	600290	电气机械及器材制造业	浙江省
湘电股份	600416	通用设备制造业	湖南省
金晶科技	600586	非金属矿物制品业	山东省
综艺股份	600770	综合	江苏省
东方电气	600875	通用设备制造业	四川省

表 A－47 高端装备制造产业 A 股上市企业名单

证券简称	证券代码	所属证监会行业名称	地区
中集集团	000039	金属制品业	广东省
中联重科	000157	专用设备制造业	湖南省
潍柴动力	000338	汽车制造业	山东省
徐工机械	000425	专用设备制造业	江苏省
航发控制	000738	铁路、船舶、航空航天和其他运输设备制造业	江苏省
中航飞机	000768	铁路、船舶、航空航天和其他运输设备制造业	陕西省
石化机械	000852	专用设备制造业	湖北省
潍柴重机	000880	通用设备制造业	山东省
威海广泰	002111	专用设备制造业	山东省
北斗星通	002151	计算机、通信和其他电子设备制造业	北京市
杰瑞股份	002353	专用设备制造业	山东省
神剑股份	002361	化学原料及化学制品制造业	安徽省
利源精制	002501	有色金属冶炼及压延加工	吉林省
林州重机	002535	专用设备制造业	河南省
机器人	300024	通用设备制造业	辽宁省
华中数控	300161	通用设备制造业	湖北省

续表

证券简称	证券代码	所属证监会行业名称	地区
天和防务	300397	计算机、通信和其他电子设备制造业	陕西省
三一重工	600031	专用设备制造业	北京市
中直股份	600038	铁路、船舶、航空航天和其他运输设备制造业	黑龙江省
中国卫星	600118	计算机、通信和其他电子设备制造业	北京市
太原重工	600169	专用设备制造业	山西省
洪都航空	600316	铁路、船舶、航空航天和其他运输设备制造业	江西省
振华重工	600320	专用设备制造业	上海市
航发科技	600391	铁路、船舶、航空航天和其他运输设备制造业	四川省
中国动力	600482	铁路、船舶、航空航天和其他运输设备制造业	河北省
中船防务	600685	铁路、船舶、航空航天和其他运输设备制造业	广东省
中航重机	600765	通用设备制造业	贵州省
航天电子	600879	专用设备制造业	湖北省
航发动力	600893	铁路、船舶、航空航天和其他运输设备制造业	陕西省
陕鼓动力	601369	电气机械及器材制造业	陕西省
上海电气	601727	通用设备制造业	上海市
中国中车	601766	铁路、船舶、航空航天和其他运输设备制造业	北京市
中国重工	601989	铁路、船舶、航空航天和其他运输设备制造业	北京市

附录 B　制造业按子行业的上市企业无形资产排名

表 B－1　2017 年电气机械及器材制造业无形资产总量分行业 Top 10 企业

股票代码	股票简称	企业全称	无形资产总量/万元
600690	青岛海尔	青岛海尔股份有限公司	6 941 985.06
000651	格力电器	珠海格力电器股份有限公司	6 660 865.26
000333	美的集团	美的集团股份有限公司	5 386 176.34
600089	特变电工	特变电工股份有限公司	1 884 216.73
601179	中国西电	中国西电电气股份有限公司	1 370 581.54
601877	正泰电器	浙江正泰电器股份有限公司	893 384.33
000521	美菱电器	合肥美菱股份有限公司	859 977.84
600487	亨通光电	江苏亨通光电股份有限公司	834 312.19
600580	卧龙电气	卧龙电气集团股份有限公司	728 493.65
600869	智慧能源	远东智慧能源股份有限公司	727 293.31

表 B－2　2017 年纺织服装、服饰业无形资产总量分行业 Top 10 企业

股票代码	股票简称	企业全称	无形资产总量/万元
601718	际华集团	际华集团股份有限公司	1 292 708.93
600398	海澜之家	海澜之家股份有限公司	790 312.41

续表

股票代码	股票简称	企业全称	无形资产总量/万元
002269	美邦服饰	上海美特斯邦威服饰股份有限公司	734 730. 87
002563	森马服饰	浙江森马服饰股份有限公司	556 432. 03
002154	报喜鸟	报喜鸟控股股份有限公司	367 262. 99
603877	太平鸟	宁波太平鸟时尚服饰股份有限公司	337 664. 74
601566	九牧王	九牧王股份有限公司	293 816. 67
002612	朗姿股份	朗姿股份有限公司	265 273. 40
002291	星期六	星期六股份有限公司	254 294. 19
300005	探路者	探路者控股集团股份有限公司	244 409. 88

表 B－3　2017 年纺织业无形资产总量分行业 Top 10 企业

股票代码	股票简称	企业全称	无形资产总量/万元
000726	鲁泰 A	鲁泰纺织股份有限公司	512 247. 95
000158	常山北明	石家庄常山北明科技股份有限公司	502 399. 96
002293	罗莱生活	罗莱生活科技股份有限公司	347 766. 05
002042	华孚时尚	华孚时尚股份有限公司	333 681. 07
601339	百隆东方	百隆东方股份有限公司	233 242. 34
600630	龙头股份	上海龙头（集团）股份有限公司	223 207. 30

续表

股票代码	股票简称	企业全称	无形资产总量/万元
000850	华茂股份	安徽华茂纺织股份有限公司	218 247. 37
002083	孚日股份	孚日集团股份有限公司	215 644. 77
000982	* ST 中绒	宁夏中银绒业股份有限公司	209 269. 25
002327	富安娜	深圳市富安娜家居用品股份有限公司	194 926. 71

表 B－4　2017 年非金属矿物制品业无形资产总量分行业 Top 10 企业

股票代码	股票简称	企业全称	无形资产总量/万元
600585	海螺水泥	安徽海螺水泥股份有限公司	4 263 138. 47
601992	金隅股份	北京金隅集团股份有限公司	2 843 175. 31
600881	亚泰集团	吉林亚泰（集团）股份有限公司	1 731 449. 61
000401	冀东水泥	唐山冀东水泥股份有限公司	1 653 708. 37
600801	华新水泥	华新水泥股份有限公司	1 456 646. 35
600660	福耀玻璃	福耀玻璃工业集团股份有限公司	1 358 168. 41
000012	南玻 A	中国南玻集团股份有限公司	675 496. 25
000786	北新建材	北新集团建材股份有限公司	602 962. 19
002080	中材科技	中材科技股份有限公司	572 022. 98
600176	中国巨石	中国巨石股份有限公司	557 771. 48

表 B－5　2017 年废弃资源综合利用业无形资产总量分行业 Top 5 企业

股票代码	股票简称	企业全称	无形资产总量/万元
600614	鹏起科技	鹏起科技发展股份有限公司	460 407.91
002340	格林美	格林美股份有限公司	430 916.11
002672	东江环保	东江环保股份有限公司	394 643.64
600217	中再资环	中再资源环境股份有限公司	99 361.22
000820	神雾节能	神雾节能股份有限公司	72 618.99

注：废弃资源综合利用业只有 5 家 A 股上市企业。

表 B－6　2017 年黑色金属冶炼及压延加工业无形资产总量分行业 Top 10 企业

股票代码	股票简称	企业全称	无形资产总量/万元
600019	宝钢股份	宝山钢铁股份有限公司	5 770 710.60
000898	鞍钢股份	鞍钢股份有限公司	3 008 206.12
600307	酒钢宏兴	甘肃酒钢集团宏兴钢铁股份有限公司	2 400 062.50
000709	河钢股份	河钢股份有限公司	2 087 129.52
000825	太钢不锈	山西太钢不锈钢股份有限公司	1 982 092.76
000932	*ST 华菱	湖南华菱钢铁股份有限公司	1 887 091.63
600808	马钢股份	马鞍山钢铁股份有限公司	1 165 221.74

续表

股票代码	股票简称	企业全称	无形资产总量/万元
601005	*ST 重钢	重庆钢铁股份有限公司	1 079 666. 37
600569	安阳钢铁	安阳钢铁股份有限公司	1 025 085. 23
600010	包钢股份	内蒙古包钢钢联股份有限公司	955 542. 10

表 B－7　2017 年化学纤维制造业无形资产总量分行业 Top 10 企业

股票代码	股票简称	企业全称	无形资产总量/万元
002493	荣盛石化	荣盛石化股份有限公司	542 444. 58
601233	桐昆股份	桐昆集团股份有限公司	406 424. 25
000703	恒逸石化	恒逸石化股份有限公司	381 152. 12
600346	恒力股份	恒力石化股份有限公司	234 304. 32
600810	神马股份	神马实业股份有限公司	205 455. 28
600063	皖维高新	安徽皖维高新材料股份有限公司	193 511. 18
002427	尤夫股份	浙江尤夫高新纤维股份有限公司	189 926. 03
002064	华峰氨纶	浙江华峰氨纶股份有限公司	170 830. 62
002206	海利得	浙江海利得新材料股份有限公司	158 909. 57
002172	澳洋科技	江苏澳洋科技股份有限公司	140 927. 06

表 B－8　2017 年化学原料及化学制品制造业无形资产总量分行业 Top 10 企业

股票代码	股票简称	企业全称	无形资产总量/万元
600096	云天化	云南云天化股份有限公司	2 201 413.97
600500	中化国际	中化国际（控股）股份有限公司	2 145 287.14
600309	万华化学	万华化学集团股份有限公司	1 120 865.15
600141	兴发集团	湖北兴发化工集团股份有限公司	1 106 620.75
002004	华邦健康	华邦生命健康股份有限公司	1 094 005.86
000990	诚志股份	诚志股份有限公司	978 761.28
600352	浙江龙盛	浙江龙盛集团股份有限公司	950 217.84
600691	阳煤化工	阳煤化工股份有限公司	807 410.63
600623	华谊集团	上海华谊集团股份有限公司	790 335.13
000792	盐湖股份	青海盐湖工业股份有限公司	789 382.79

表 B－9　2017 年计算机、通信和其他电子设备制造业无形资产总量分行业 Top 10 企业

股票代码	股票简称	企业全称	无形资产总量/万元
000063	中兴通讯	中兴通讯股份有限公司	6 042 879.01
600839	四川长虹	四川长虹电器股份有限公司	2 837 342.01
000725	京东方 A	京东方科技集团股份有限公司	2 815 519.36
600100	同方股份	同方股份有限公司	2 682 394.38

续表

股票代码	股票简称	企业全称	无形资产总量/万元
000066	中国长城	中国长城科技集团股份有限公司	2 572 404. 51
002180	纳思达	纳思达股份有限公司	2 247 183. 38
000938	紫光股份	紫光股份有限公司	2 004 051. 49
002415	海康威视	杭州海康威视数字技术股份有限公司	1 956 370. 22
000100	TCL 集团	TCL 集团股份有限公司	1 518 399. 51
600498	烽火通信	烽火通信科技股份有限公司	1 288 029. 64

表 B－10　2017 年家具制造业无形资产总量分行业 Top 10 企业

股票代码	股票简称	企业全称	无形资产总量/万元
600978	宜华生活	宜华生活科技股份有限公司	518 981. 62
002489	浙江永强	浙江永强集团股份有限公司	291 458. 06
002572	索菲亚	索菲亚家居股份有限公司	279 873. 57
603008	喜临门	喜临门家具股份有限公司	259 534. 74
000663	永安林业	福建省永安林业（集团）股份有限公司	218 845. 40
603816	顾家家居	顾家家居股份有限公司	190 947. 26
002751	易尚展示	深圳市易尚展示股份有限公司	188 568. 19
603818	曲美家居	曲美家居集团股份有限公司	101 096. 08

续表

股票代码	股票简称	企业全称	无形资产总量/万元
603898	好莱客	广州好莱客创意家居股份有限公司	61 445. 22
603600	永艺股份	永艺家具股份有限公司	51 481. 90

表 B－11　2017 年金属制品业无形资产总量分行业 Top 10 企业

股票代码	股票简称	企业全称	无形资产总量/万元
000039	中集集团	中国国际海运集装箱（集团）股份有限公司	3 949 641. 21
002032	苏泊尔	浙江苏泊尔股份有限公司	834 845. 11
000778	新兴铸管	新兴铸管股份有限公司	718 573. 19
600673	东阳光科	广东东阳光科技控股股份有限公司	611 271. 80
002384	东山精密	苏州东山精密制造股份有限公司	419 585. 50
000969	安泰科技	安泰科技股份有限公司	406 158. 27
002403	爱仕达	浙江爱仕达电器股份有限公司	337 889. 94
002701	奥瑞金	奥瑞金包装股份有限公司	259 820. 85
600165	新日恒力	宁夏新日恒力钢丝绳股份有限公司	214 505. 11
002545	东方铁塔	青岛东方铁塔股份有限公司	208 460. 31

表 B－12 2017 年酒、饮料和精制茶制造业无形资产总量分行业 Top 10 企业

股票代码	股票简称	企业全称	无形资产总量/万元
000858	五粮液	宜宾五粮液股份有限公司	3 052 888.63
600519	贵州茅台	贵州茅台酒股份有限公司	2 797 354.20
002304	洋河股份	江苏洋河酒厂股份有限公司	1 458 887.56
600600	青岛啤酒	青岛啤酒股份有限公司	1 391 018.58
000729	燕京啤酒	北京燕京啤酒股份有限公司	1 217 468.52
000596	古井贡酒	安徽古井贡酒股份有限公司	925 220.19
000860	顺鑫农业	北京顺鑫农业股份有限公司	882 760.78
000869	张裕 A	烟台张裕葡萄酿酒股份有限公司	690 079.69
600300	维维股份	维维食品饮料股份有限公司	681 736.71
000568	泸州老窖	泸州老窖股份有限公司	656 075.17

表 B－13 2017 年木材加工及木、竹、藤、棕、草制品业无形资产总量分行业 Top 8 企业

股票代码	股票简称	企业全称	无形资产总量/万元
000910	大亚圣象	大亚圣象家居股份有限公司	719 385.47
002631	德尔未来	德尔未来科技控股集团股份有限公司	141 626.75
002043	兔宝宝	德华兔宝宝装饰新材股份有限公司	129 357.74
600189	吉林森工	吉林森林工业股份有限公司	115 353.06

续表

股票代码	股票简称	企业全称	无形资产总量/万元
002240	威华股份	广东威华股份有限公司	104 714. 41
601996	丰林集团	广西丰林木业集团股份有限公司	93 302. 58
600321	正源股份	正源控股股份有限公司	92 395. 14
600076	康欣新材	康欣新材料股份有限公司	56 512. 75

注：木材加工及木、竹、藤、棕、草制品业只有 8 家 A 股上市企业。

表 B－14　2017 年农副食品加工业无形资产总量分行业 Top 10 企业

股票代码	股票简称	企业全称	无形资产总量/万元
000895	双汇发展	河南双汇投资发展股份有限公司	1 480 626. 99
002385	大北农	北京大北农科技集团股份有限公司	1 246 825. 03
000876	新希望	新希望六和股份有限公司	1 213 538. 89
600438	通威股份	通威股份有限公司	725 506. 95
002311	海大集团	广东海大集团股份有限公司	646 787. 11
600737	中粮糖业	中粮屯河糖业股份有限公司	469 109. 00
000639	西王食品	西王食品股份有限公司	460 309. 13
002157	正邦科技	江西正邦科技股份有限公司	372 073. 20
000893	东凌国际	广州东凌国际投资股份有限公司	339 960. 78
002567	唐人神	唐人神集团股份有限公司	323 426. 46

表 B－15　2017 年皮革、毛皮、羽毛及其制品和制鞋业无形资产总量分行业 Top 9 企业

股票代码	股票简称	企业全称	无形资产总量/万元
603001	奥康国际	浙江奥康鞋业股份有限公司	267 557. 26
600439	瑞贝卡	河南瑞贝卡发制品股份有限公司	168 833. 44
603608	天创时尚	广州天创时尚鞋业股份有限公司	147 304. 78
603116	红蜻蜓	浙江红蜻蜓鞋业股份有限公司	134 527. 44
603958	哈森股份	哈森商贸（中国）股份有限公司	89 948. 74
600735	新华锦	山东新华锦国际股份有限公司	75 579. 20
002674	兴业科技	兴业皮革科技股份有限公司	69 330. 52
002494	华斯股份	华斯控股股份有限公司	68 816. 75
300591	万里马	广东万里马实业股份有限公司	15 025. 98

注：皮革、毛皮、羽毛及其制品和制鞋业只有 9 家 A 股上市企业。

表 B－16　2017 年其他制造业无形资产总量分行业 Top 10 企业

股票代码	股票简称	企业全称	无形资产总量/万元
000587	金洲慈航	金洲慈航集团股份有限公司	666 957. 86
002345	潮宏基	广东潮宏基实业股份有限公司	420 001. 27
002247	帝龙文化	浙江帝龙文化发展股份有限公司	373 519. 37
600612	老凤祥	老凤祥股份有限公司	310 642. 32

续表

股票代码	股票简称	企业全称	无形资产总量/万元
002721	金一文化	北京金一文化发展股份有限公司	282 438. 11
600687	刚泰控股	甘肃刚泰控股（集团）股份有限公司	259 635. 64
300061	康旗股份	上海康耐特旗计智能科技集团股份有限公司	258 055. 52
300163	先锋新材	宁波先锋新材料股份有限公司	105 020. 15
002574	明牌珠宝	浙江明牌珠宝股份有限公司	104 135. 62
002098	浔兴股份	福建浔兴拉链科技股份有限公司	97 255. 47

表 B－17　2017 年汽车制造业无形资产总量分行业 Top 10 企业

股票代码	股票简称	企业全称	无形资产总量/万元
600104	上汽集团	上海汽车集团股份有限公司	25 152 437. 33
000338	潍柴动力	潍柴动力股份有限公司	8 960 704. 74
002594	比亚迪	比亚迪股份有限公司	6 708 921. 35
000625	长安汽车	重庆长安汽车股份有限公司	4 647 977. 46
601633	长城汽车	长城汽车股份有限公司	4 035 078. 15
600741	华域汽车	华域汽车系统股份有限公司	3 915 962. 69
600166	福田汽车	北汽福田汽车股份有限公司	3 766 843. 48
601238	广汽集团	广州汽车集团股份有限公司	3 125 599. 03

续表

股票代码	股票简称	企业全称	无形资产总量/万元
600418	江淮汽车	安徽江淮汽车集团股份有限公司	2 933 787.97
000550	江铃汽车	江铃汽车股份有限公司	2 043 259.28

表 B-18　2017 年石油加工、炼焦及核燃料加工业无形资产总量分行业 Top 10 企业

股票代码	股票简称	企业全称	无形资产总量/万元
600688	上海石化	中国石化上海石油化工股份有限公司	981 268.55
000059	华锦股份	北方华锦化学工业股份有限公司	980 976.32
600997	开滦股份	开滦能源化工股份有限公司	539 337.21
000698	沈阳化工	沈阳化工股份有限公司	329 552.49
600792	云煤能源	云南煤业能源股份有限公司	291 998.86
600725	ST 云维	云南云维股份有限公司	282 232.83
601011	宝泰隆	宝泰隆新材料股份有限公司	246 038.70
601015	陕西黑猫	陕西黑猫焦化股份有限公司	237 476.09
000723	美锦能源	山西美锦能源股份有限公司	198 437.14
600740	山西焦化	山西焦化股份有限公司	140 050.62

表 B－19　2017 年食品制造业无形资产总量分行业 Top 10 企业

股票代码	股票简称	企业全称	无形资产总量/万元
002820	伊利股份	内蒙古伊利实业集团股份有限公司	5 960 587.09
603696	光明乳业	光明乳业股份有限公司	2 463 730.37
300401	贝因美	贝因美婴童食品股份有限公司	958 395.50
603027	梅花生物	梅花生物科技集团股份有限公司	684 744.42
002770	海天味业	佛山市海天调味食品股份有限公司	669 834.64
002847	三元股份	北京三元食品股份有限公司	615 486.35
002495	上海梅林	上海梅林正广和股份有限公司	599 291.17
300149	三全食品	三全食品股份有限公司	424 576.75
002481	皇氏集团	皇氏集团股份有限公司	383 909.88
600419	安琪酵母	安琪酵母股份有限公司	350 119.63

表 B－20　2017 年铁路、船舶、航空航天和其他运输设备制造业无形资产总量分行业 Top 10 企业

股票代码	股票简称	企业全称	无形资产总量/万元
601766	中国中车	中国中车股份有限公司	11 561 970.44
601989	中国重工	中国船舶重工股份有限公司	3 379 389.86
600150	中国船舶	中国船舶工业股份有限公司	1 378 230.94
600893	航发动力	中国航发动力股份有限公司	1 245 053.73

续表

股票代码	股票简称	企业全称	无形资产总量/万元
600685	中船防务	中船海洋与防务装备股份有限公司	751 904. 70
600372	中航电子	中航航空电子系统股份有限公司	712 812. 91
002013	中航机电	中航工业机电系统股份有限公司	700 605. 26
000768	中航飞机	中航飞机股份有限公司	674 394. 99
600482	中国动力	中国船舶重工集团动力股份有限公司	582 149. 76
300159	新研股份	新疆机械研究院股份有限公司	554 110. 39

表 B－21　2017 年通用设备制造业无形资产总量分行业 Top 10 企业

股票代码	股票简称	企业全称	无形资产总量/万元
601727	上海电气	上海电气集团股份有限公司	5 118 058. 69
600875	东方电气	东方电气股份有限公司	2 125 462. 10
002202	金风科技	新疆金风科技股份有限公司	1 424 429. 10
002011	盾安环境	浙江盾安人工环境股份有限公司	1 338 024. 84
600835	上海机电	上海机电股份有限公司	1 058 297. 74
000410	*ST 沈机	沈阳机床股份有限公司	672 729. 29
000816	智慧农业	江苏农华智慧农业科技股份有限公司	661 894. 06
002152	广电运通	广州广电运通金融电子股份有限公司	526 722. 63

续表

股票代码	股票简称	企业全称	无形资产总量/万元
600765	中航重机	中航重机股份有限公司	511 012.47
300145	中金环境	南方中金环境股份有限公司	490 384.70

表 B-22　2017 年文教、工美、体育和娱乐用品制造业无形资产总量分行业 Top 10 企业

股票代码	股票简称	企业全称	无形资产总量/万元
002292	奥飞娱乐	奥飞娱乐股份有限公司	777 293.85
002103	广博股份	广博集团股份有限公司	209 400.88
002301	齐心集团	深圳齐心集团股份有限公司	208 339.30
603899	晨光文具	上海晨光文具股份有限公司	182 450.41
002678	珠江钢琴	广州珠江钢琴集团股份有限公司	128 031.95
002605	姚记扑克	上海姚记扑克股份有限公司	82 593.35
002348	高乐股份	广东高乐玩具股份有限公司	70 243.45
002575	群兴玩具	广东群兴玩具股份有限公司	64 889.60
300329	海伦钢琴	海伦钢琴股份有限公司	34 326.95
603398	邦宝益智	广东邦宝益智玩具股份有限公司	10 888.94

表 B-23 2017 年橡胶和塑料制品业无形资产总量分行业 Top 10 企业

股票代码	股票简称	企业全称	无形资产总量/万元
600143	金发科技	金发科技股份有限公司	1 068 330.53
600458	时代新材	株洲时代新材料科技股份有限公司	732 130.21
000887	中鼎股份	安徽中鼎密封件股份有限公司	666 002.33
601058	赛轮金宇	赛轮金宇集团股份有限公司	547 320.46
600469	风神股份	风神轮胎股份有限公司	378 195.01
600210	紫江企业	上海紫江企业集团股份有限公司	357 875.53
002450	康得新	康得新复合材料集团股份有限公司	351 122.78
002641	永高股份	永高股份有限公司	310 694.54
002372	伟星新材	浙江伟星新型建材股份有限公司	285 612.50
000589	黔轮胎 A	贵州轮胎股份有限公司	268 022.94

表 B-24 2017 年医药制造业无形资产总量分行业 Top 10 企业

股票代码	股票简称	企业全称	无形资产总量/万元
600196	复星医药	上海复星医药（集团）股份有限公司	3 266 625.29
000999	华润三九	华润三九医药股份有限公司	2 453 811.52
603858	步长制药	山东步长制药股份有限公司	1 978 029.71
600380	健康元	健康元药业集团股份有限公司	1 956 945.72

续表

股票代码	股票简称	企业全称	无形资产总量/万元
600079	人福医药	人福医药集团股份公司	1 691 116.67
600276	恒瑞医药	江苏恒瑞医药股份有限公司	1 573 801.58
000513	丽珠集团	丽珠医药集团股份有限公司	1 485 478.93
600332	白云山	广州白云山医药集团股份有限公司	1 346 691.31
600664	哈药股份	哈药集团股份有限公司	1 282 849.36
600535	天士力	天士力医药集团股份有限公司	1 255 956.93

表 B－25　2017 年仪器仪表制造业无形资产总量分行业 Top 10 企业

股票代码	股票简称	企业全称	无形资产总量/万元
002121	科陆电子	深圳市科陆电子科技股份有限公司	372 526.63
300203	聚光科技	聚光科技（杭州）股份有限公司	354 842.92
601567	三星医疗	宁波三星医疗电气股份有限公司	347 614.68
603100	川仪股份	重庆川仪自动化股份有限公司	199 735.20
300349	金卡智能	金卡智能集团股份有限公司	191 507.52
300007	汉威科技	汉威科技集团股份有限公司	188 134.25
601222	林洋能源	江苏林洋能源股份有限公司	148 806.80
300309	吉艾科技	吉艾科技集团股份公司	127 191.21

续表

股票代码	股票简称	企业全称	无形资产总量/万元
300165	天瑞仪器	江苏天瑞仪器股份有限公司	114 039. 87
300306	远方信息	杭州远方光电信息股份有限公司	113 690. 80

表 B-26　2017 年印刷和记录媒介复制业无形资产总量分行业 Top 10 企业

股票代码	股票简称	企业全称	无形资产总量/万元
002191	劲嘉股份	深圳劲嘉集团股份有限公司	433 308. 28
601515	东风股份	汕头东风印刷股份有限公司	203 302. 71
002117	东港股份	东港股份有限公司	131 107. 82
000812	陕西金叶	陕西金叶科教集团股份有限公司	90 339. 07
002229	鸿博股份	鸿博股份有限公司	76 699. 43
600836	界龙实业	上海界龙实业集团股份有限公司	75 221. 87
002599	盛通股份	北京盛通印刷股份有限公司	38 563. 85
002803	吉宏股份	厦门吉宏包装科技股份有限公司	6894. 28
002836	新宏泽	广东新宏泽包装股份有限公司	6825. 27
603429	集友股份	安徽集友新材料股份有限公司	5038. 51

表 B－27　2017 年有色金属冶炼及压延加工业无形资产总量分行业 Top 10 企业

股票代码	股票简称	企业全称	无形资产总量/万元
601600	中国铝业	中国铝业股份有限公司	6 024 751. 57
000933	神火股份	河南神火煤电股份有限公司	1 986 602. 08
600362	江西铜业	江西铜业股份有限公司	1 306 764. 42
600595	中孚实业	河南中孚实业股份有限公司	1 253 218. 68
000060	中金岭南	深圳市中金岭南有色金属股份有限公司	1 040 296. 48
000630	铜陵有色	铜陵有色金属集团股份有限公司	804 825. 06
000960	锡业股份	云南锡业股份有限公司	735 705. 10
600219	南山铝业	山东南山铝业股份有限公司	714 191. 41
600549	厦门钨业	厦门钨业股份有限公司	596 102. 10
000878	云南铜业	云南铜业股份有限公司	521 760. 14

表 B－28　2017 年造纸及纸制品业无形资产总量分行业 Top 10 企业

股票代码	股票简称	企业全称	无形资产总量/万元
000488	晨鸣纸业	山东晨鸣纸业集团股份有限公司	1 450 232. 03
600567	山鹰纸业	山鹰国际控股股份公司	478 454. 57
600308	华泰股份	山东华泰纸业股份有限公司	419 574. 84
002078	太阳纸业	山东太阳纸业股份有限公司	408 428. 13
600963	岳阳林纸	岳阳林纸股份有限公司	399 125. 84

续表

股票代码	股票简称	企业全称	无形资产总量/万元
002511	中顺洁柔	中顺洁柔纸业股份有限公司	313 301.67
002565	顺灏股份	上海顺灏新材料科技股份有限公司	274 036.27
600966	博汇纸业	山东博汇纸业股份有限公司	212 109.58
002303	美盈森	美盈森集团股份有限公司	189 661.75
000833	贵糖股份	广西贵糖（集团）股份有限公司	162 257.72

表 B－29　2017 年专用设备制造业无形资产总量分行业 Top 10 企业

股票代码	股票简称	企业全称	无形资产总量/万元
600031	三一重工	三一重工股份有限公司	2 945 343.94
000157	中联重科	中联重科股份有限公司	2 746 854.47
000666	经纬纺机	经纬纺织机械股份有限公司	1 923 426.67
600320	振华重工	上海振华重工（集团）股份有限公司	1 750 144.63
000425	徐工机械	徐工集团工程机械股份有限公司	1 607 141.68
600582	天地科技	天地科技股份有限公司	1 275 702.54
601608	中信重工	中信重工机械股份有限公司	924 212.50
601106	*ST 一重	中国第一重型机械股份公司	852 896.92
002008	大族激光	大族激光科技产业集团股份有限公司	772 577.02
002371	北方华创	北方华创科技集团股份有限公司	737 389.95

附录 C　制造业按地区的上市企业无形资产排名

表 C－1　2017 年北京市无形资产总量 Top 10 企业

股票代码	股票简称	企业全称	所属行业	无形资产总量/万元
601766	中国中车	中国中车股份有限公司	铁路、船舶、航空航天和其他运输设备制造业	11 561 970. 44
601600	中国铝业	中国铝业股份有限公司	有色金属冶炼及压延加工	6 024 751. 57
600166	福田汽车	北汽福田汽车股份有限公司	汽车制造业	3 766 843. 48
601989	中国重工	中国船舶重工股份有限公司	铁路、船舶、航空航天和其他运输设备制造业	3 379 389. 86
600031	三一重工	三一重工股份有限公司	专用设备制造业	2 945 343. 94
601992	金隅股份	北京金隅集团股份有限公司	非金属矿物制品业	2 843 175. 31
000725	京东方 A	京东方科技集团股份有限公司	计算机、通信和其他电子设备制造业	2 815 519. 36
600100	同方股份	同方股份有限公司	计算机、通信和其他电子设备制造业	2 682 394. 38
000938	紫光股份	紫光股份有限公司	计算机、通信和其他电子设备制造业	2 004 051. 49
000666	经纬纺机	经纬纺织机械股份有限公司	专用设备制造业	1 923 426. 67

表 C-2　2017 年天津市无形资产总量 Top 10 企业

股票代码	股票简称	企业全称	所属行业	无形资产总量/万元
600535	天士力	天士力医药集团股份有限公司	医药制造业	1 255 956. 93
300026	红日药业	天津红日药业股份有限公司	医药制造业	860 529. 69
600329	中新药业	天津中新药业集团股份有限公司	医药制造业	664 368. 56
000927	一汽夏利	天津一汽夏利汽车股份有限公司	汽车制造业	558 658. 23
002129	中环股份	天津中环半导体股份有限公司	电气机械及器材制造业	294 710. 94
300195	长荣股份	天津长荣科技集团股份有限公司	专用设备制造业	233 285. 67
603019	中科曙光	曙光信息产业股份有限公司	计算机、通信和其他电子设备制造业	211 916. 33
300119	瑞普生物	天津瑞普生物技术股份有限公司	医药制造业	209 908. 21
002393	力生制药	天津力生制药股份有限公司	医药制造业	161 295. 21
002432	九安医疗	天津九安医疗电子股份有限公司	专用设备制造业	147 853. 76

表 C-3　2017 年河北省无形资产总量 Top 10 企业

股票代码	股票简称	企业全称	所属行业	无形资产总量/万元
601633	长城汽车	长城汽车股份有限公司	汽车制造业	4 035 078. 15
000709	河钢股份	河钢股份有限公司	黑色金属冶炼及压延加工	2 087 129. 52
000401	冀东水泥	唐山冀东水泥股份有限公司	非金属矿物制品业	1 653 708. 37

续表

股票代码	股票简称	企业全称	所属行业	无形资产总量/万元
002603	以岭药业	石家庄以岭药业股份有限公司	医药制造业	806 095.41
000778	新兴铸管	新兴铸管股份有限公司	金属制品业	718 573.19
600409	三友化工	唐山三友化工股份有限公司	化学原料及化学制品制造业	706 819.54
600812	华北制药	华北制药股份有限公司	医药制造业	589 559.90
600482	中国动力	中国船舶重工集团动力股份有限公司	铁路、船舶、航空航天和其他运输设备制造业	582 149.76
600997	开滦股份	开滦能源化工股份有限公司	石油加工、炼焦及核燃料加工业	539 337.21
002049	紫光国芯	紫光国芯股份有限公司	计算机、通信和其他电子设备制造业	508 308.74

表 C－4　2017 年山西省无形资产总量 Top 10 企业

股票代码	股票简称	企业全称	所属行业	无形资产总量/万元
000825	太钢不锈	山西太钢不锈钢股份有限公司	黑色金属冶炼及压延加工	1 982 092.76
600691	阳煤化工	阳煤化工股份有限公司	化学原料及化学制品制造业	807 410.63
300158	振东制药	山西振东制药股份有限公司	医药制造业	759 753.45
600809	山西汾酒	山西杏花村汾酒厂股份有限公司	酒、饮料和精制茶制造业	628 035.35
600169	太原重工	太原重工股份有限公司	专用设备制造业	481 986.83
600351	亚宝药业	亚宝药业集团股份有限公司	医药制造业	340 217.38

续表

股票代码	股票简称	企业全称	所属行业	无形资产总量/万元
000737	南风化工	南风化工集团股份有限公司	化学原料及化学制品制造业	265 745. 31
000723	美锦能源	山西美锦能源股份有限公司	石油加工、炼焦及核燃料加工业	198 437. 14
600408	安泰集团	山西安泰集团股份有限公司	黑色金属冶炼及压延加工	193 149. 57
300254	仟源医药	山西仟源医药集团股份有限公司	医药制造业	184 124. 90

表 C –5　2017 年内蒙古自治区无形资产总量 Top 10 企业

股票代码	股票简称	企业全称	所属行业	无形资产总量/万元
600887	伊利股份	内蒙古伊利实业集团股份有限公司	食品制造业	5 960 587. 09
600010	包钢股份	内蒙古包钢钢联股份有限公司	黑色金属冶炼及压延加工	955 542. 10
600295	鄂尔多斯	内蒙古鄂尔多斯资源股份有限公司	黑色金属冶炼及压延加工	803 263. 83
600277	亿利洁能	亿利洁能股份有限公司	化学原料及化学制品制造业	772 842. 16
000683	远兴能源	内蒙古远兴能源股份有限公司	化学原料及化学制品制造业	450 031. 05
600111	北方稀土	中国北方稀土（集团）高科技股份有限公司	有色金属冶炼及压延加工	405 871. 26
601216	君正集团	内蒙古君正能源化工集团股份有限公司	化学原料及化学制品制造业	268 140. 56
600328	兰太实业	内蒙古兰太实业股份有限公司	化学原料及化学制品制造业	265 858. 02

续表

股票代码	股票简称	企业全称	所属行业	无形资产总量/万元
600967	内蒙一机	内蒙古第一机械集团股份有限公司	铁路、船舶、航空航天和其他运输设备制造业	218 370. 93
600201	生物股份	金宇生物技术股份有限公司	医药制造业	168 727. 30

表C-6　2017年辽宁省无形资产总量Top 10企业

股票代码	股票简称	企业全称	所属行业	无形资产总量/万元
000898	鞍钢股份	鞍钢股份有限公司	黑色金属冶炼及压延加工	3 008 206. 12
000059	华锦股份	北方华锦化学工业股份有限公司	石油加工、炼焦及核燃料加工业	980 976. 32
000410	*ST沈机	沈阳机床股份有限公司	通用设备制造业	672 729. 29
002204	大连重工	大连华锐重工集团股份有限公司	专用设备制造业	604 276. 74
000597	东北制药	东北制药集团股份有限公司	医药制造业	573 009. 43
600303	曙光股份	辽宁曙光汽车集团股份有限公司	汽车制造业	514 225. 04
000761	本钢板材	本钢板材股份有限公司	黑色金属冶炼及压延加工	481 279. 10
600399	抚顺特钢	抚顺特殊钢股份有限公司	黑色金属冶炼及压延加工	394 756. 65
600231	凌钢股份	凌源钢铁股份有限公司	黑色金属冶炼及压延加工	389 287. 59
000751	锌业股份	葫芦岛锌业股份有限公司	有色金属冶炼及压延加工	368 908. 75

表 C-7　2017 年吉林省无形资产总量 Top 10 企业

股票代码	股票简称	企业全称	所属行业	无形资产总量/万元
000800	一汽轿车	一汽轿车股份有限公司	汽车制造业	1 996 152.92
600881	亚泰集团	吉林亚泰（集团）股份有限公司	非金属矿物制品业	1 731 449.61
000623	吉林敖东	吉林敖东药业集团股份有限公司	医药制造业	576 477.36
000661	长春高新	长春高新技术产业（集团）股份有限公司	医药制造业	483 231.00
000766	通化金马	通化金马药业集团股份有限公司	医药制造业	432 430.88
600432	*ST 吉恩	吉林吉恩镍业股份有限公司	有色金属冶炼及压延加工	405 518.79
000030	富奥股份	富奥汽车零部件股份有限公司	汽车制造业	278 673.27
600742	一汽富维	长春一汽富维汽车零部件股份有限公司	汽车制造业	235 858.17
600867	通化东宝	通化东宝药业股份有限公司	医药制造业	224 932.67
002566	益盛药业	吉林省集安益盛药业股份有限公司	医药制造业	201 743.80

表 C-8　2017 年黑龙江省无形资产总量 Top 10 企业

股票代码	股票简称	企业全称	所属行业	无形资产总量/万元
600664	哈药股份	哈药集团股份有限公司	医药制造业	1 282 849.36
002437	誉衡药业	哈尔滨誉衡药业股份有限公司	医药制造业	978 382.95

续表

股票代码	股票简称	企业全称	所属行业	无形资产总量/万元
601106	*ST一重	中国第一重型机械股份公司	专用设备制造业	852 896.92
000587	金洲慈航	金洲慈航集团股份有限公司	其他制造业	666 957.86
600038	中直股份	中航直升机股份有限公司	铁路、船舶、航空航天和其他运输设备制造业	537 199.57
002737	葵花药业	葵花药业集团股份有限公司	医药制造业	507 484.65
000901	航天科技	航天科技控股集团股份有限公司	铁路、船舶、航空航天和其他运输设备制造业	301 442.54
601011	宝泰隆	宝泰隆新材料股份有限公司	石油加工、炼焦及核燃料加工业	246 038.70
603567	珍宝岛	黑龙江珍宝岛药业股份有限公司	医药制造业	223 349.22
000922	*ST佳电	哈尔滨电气集团佳木斯电机股份有限公司	电气机械及器材制造业	152 832.60

表C-9 2017年上海市无形资产总量Top 10企业

股票代码	股票简称	企业全称	所属行业	无形资产总量/万元
600104	上汽集团	上海汽车集团股份有限公司	汽车制造业	25 152 437.33
600019	宝钢股份	宝山钢铁股份有限公司	黑色金属冶炼及压延加工	5 770 710.60
601727	上海电气	上海电气集团股份有限公司	通用设备制造业	5 118 058.69

续表

股票代码	股票简称	企业全称	所属行业	无形资产总量/万元
600741	华域汽车	华域汽车系统股份有限公司	汽车制造业	3 915 962.69
600196	复星医药	上海复星医药（集团）股份有限公司	医药制造业	3 266 625.29
600597	光明乳业	光明乳业股份有限公司	食品制造业	2 463 730.37
600500	中化国际	中化国际（控股）股份有限公司	化学原料及化学制品制造业	2 145 287.14
600320	振华重工	上海振华重工（集团）股份有限公司	专用设备制造业	1 750 144.63
600150	中国船舶	中国船舶工业股份有限公司	铁路、船舶、航空航天和其他运输设备制造业	1 378 230.94
002252	上海莱士	上海莱士血液制品股份有限公司	医药制造业	1 215 446.97

表 C－10　2017 年江苏省无形资产总量 Top 10 企业

股票代码	股票简称	企业全称	所属行业	无形资产总量/万元
000425	徐工机械	徐工集团工程机械股份有限公司	专用设备制造业	1 607 141.68
600276	恒瑞医药	江苏恒瑞医药股份有限公司	医药制造业	1 573 801.58
002304	洋河股份	江苏洋河酒厂股份有限公司	酒、饮料和精制茶制造业	1 458 887.56
600584	长电科技	江苏长电科技股份有限公司	计算机、通信和其他电子设备制造业	1 051 321.87
600487	亨通光电	江苏亨通光电股份有限公司	电气机械及器材制造业	834 312.19
600282	南钢股份	南京钢铁股份有限公司	黑色金属冶炼及压延加工	833 142.20

续表

股票代码	股票简称	企业全称	所属行业	无形资产总量/万元
600398	海澜之家	海澜之家股份有限公司	纺织服装、服饰业	790 312.41
600557	康缘药业	江苏康缘药业股份有限公司	医药制造业	760 626.51
000418	小天鹅A	无锡小天鹅股份有限公司	电气机械及器材制造业	726 068.38
000910	大亚圣象	大亚圣象家居股份有限公司	木材加工及木、竹、藤、棕、草制品业	719 385.47

表C－11　2017年浙江省无形资产总量Top 10企业

股票代码	股票简称	企业全称	所属行业	无形资产总量/万元
002415	海康威视	杭州海康威视数字技术股份有限公司	计算机、通信和其他电子设备制造业	1 956 370.22
600699	均胜电子	宁波均胜电子股份有限公司	汽车制造业	1 618 289.43
002011	盾安环境	浙江盾安人工环境股份有限公司	通用设备制造业	1 338 024.84
600267	海正药业	浙江海正药业股份有限公司	医药制造业	1 199 741.28
002236	大华股份	浙江大华技术股份有限公司	计算机、通信和其他电子设备制造业	1 051 303.80
002570	贝因美	贝因美婴童食品股份有限公司	食品制造业	958 395.50
600352	浙江龙盛	浙江龙盛集团股份有限公司	化学原料及化学制品制造业	950 217.84
601877	正泰电器	浙江正泰电器股份有限公司	电气机械及器材制造业	893 384.33

续表

股票代码	股票简称	企业全称	所属行业	无形资产总量/万元
600572	康恩贝	浙江康恩贝制药股份有限公司	医药制造业	854 701.49
002032	苏泊尔	浙江苏泊尔股份有限公司	金属制品业	834 845.11

表 C－12　2017 年安徽省无形资产总量 Top 10 企业

股票代码	股票简称	企业全称	所属行业	无形资产总量/万元
600585	海螺水泥	安徽海螺水泥股份有限公司	非金属矿物制品业	4 263 138.47
600418	江淮汽车	安徽江淮汽车集团股份有限公司	汽车制造业	2 933 787.97
600808	马钢股份	马鞍山钢铁股份有限公司	黑色金属冶炼及压延加工	1 165 221.74
000596	古井贡酒	安徽古井贡酒股份有限公司	酒、饮料和精制茶制造业	925 220.19
000521	美菱电器	合肥美菱股份有限公司	电气机械及器材制造业	859 977.84
000630	铜陵有色	铜陵有色金属集团股份有限公司	有色金属冶炼及压延加工	804 825.06
000887	中鼎股份	安徽中鼎密封件股份有限公司	橡胶和塑料制品业	666 002.33
600983	惠而浦	惠而浦（中国）股份有限公司	电气机械及器材制造业	634 349.72
002226	江南化工	安徽江南化工股份有限公司	化学原料及化学制品制造业	515 824.84
600375	华菱星马	华菱星马汽车（集团）股份有限公司	汽车制造业	496 245.27

表 C－13　2017 年福建省无形资产总量 Top 10 企业

股票代码	股票简称	企业全称	所属行业	无形资产总量/万元
600660	福耀玻璃	福耀玻璃工业集团股份有限公司	非金属矿物制品业	1 358 168.41
600686	金龙汽车	厦门金龙汽车集团股份有限公司	汽车制造业	998 994.93
002396	星网锐捷	福建星网锐捷通讯股份有限公司	计算机、通信和其他电子设备制造业	801 702.32
600549	厦门钨业	厦门钨业股份有限公司	有色金属冶炼及压延加工	596 102.10
002102	冠福股份	冠福控股股份有限公司	医药制造业	496 181.77
000547	航天发展	航天工业发展股份有限公司	计算机、通信和其他电子设备制造业	489 082.37
600388	龙净环保	福建龙净环保股份有限公司	专用设备制造业	434 977.27
600815	*ST 厦工	厦门厦工机械股份有限公司	专用设备制造业	294 473.17
601566	九牧王	九牧王股份有限公司	纺织服装、服饰业	293 816.67
002614	奥佳华	奥佳华智能健康科技集团股份有限公司	专用设备制造业	290 426.22

表 C－14　2017 年江西省无形资产总量 Top 10 企业

股票代码	股票简称	企业全称	所属行业	无形资产总量/万元
000550	江铃汽车	江铃汽车股份有限公司	汽车制造业	2 043 259.28
600362	江西铜业	江西铜业股份有限公司	有色金属冶炼及压延加工	1 306 764.42
000990	诚志股份	诚志股份有限公司	化学原料及化学制品制造业	978 761.28

续表

股票代码	股票简称	企业全称	所属行业	无形资产总量/万元
600782	新钢股份	新余钢铁股份有限公司	黑色金属冶炼及压延加工	766 128.55
600507	方大特钢	方大特钢科技股份有限公司	黑色金属冶炼及压延加工	637 020.90
002176	江特电机	江西特种电机股份有限公司	电气机械及器材制造业	502 884.89
600750	江中药业	江中药业股份有限公司	医药制造业	462 252.50
000789	万年青	江西万年青水泥股份有限公司	非金属矿物制品业	383 303.62
002157	正邦科技	江西正邦科技股份有限公司	农副食品加工业	372 073.20
000650	仁和药业	仁和药业股份有限公司	医药制造业	367 569.03

表 C-15　2017 年山东省无形资产总量 Top 10 企业

股票代码	股票简称	企业全称	所属行业	无形资产总量/万元
000338	潍柴动力	潍柴动力股份有限公司	汽车制造业	8 960 704.74
600690	青岛海尔	青岛海尔股份有限公司	电气机械及器材制造业	6 941 985.06
603858	步长制药	山东步长制药股份有限公司	医药制造业	1 978 029.71
000488	晨鸣纸业	山东晨鸣纸业集团股份有限公司	造纸及纸制品业	1 450 232.03
600600	青岛啤酒	青岛啤酒股份有限公司	酒、饮料和精制茶制造业	1 391 018.58
600060	海信电器	青岛海信电器股份有限公司	计算机、通信和其他电子设备制造业	1 172 284.43

续表

股票代码	股票简称	企业全称	所属行业	无形资产总量/万元
600309	万华化学	万华化学集团股份有限公司	化学原料及化学制品制造业	1 120 865.15
002241	歌尔股份	歌尔股份有限公司	计算机、通信和其他电子设备制造业	1 115 681.66
002470	金正大	金正大生态工程集团股份有限公司	化学原料及化学制品制造业	764 339.98
000423	东阿阿胶	东阿阿胶股份有限公司	医药制造业	755 838.55

表 C－16　2017 年河南省无形资产总量 Top 10 企业

股票代码	股票简称	企业全称	所属行业	无形资产总量/万元
000933	神火股份	河南神火煤电股份有限公司	有色金属冶炼及压延加工	1 986 602.08
000895	双汇发展	河南双汇投资发展股份有限公司	农副食品加工业	1 480 626.99
600066	宇通客车	郑州宇通客车股份有限公司	汽车制造业	1 456 207.97
600595	中孚实业	河南中孚实业股份有限公司	有色金属冶炼及压延加工	1 253 218.68
600569	安阳钢铁	安阳钢铁股份有限公司	黑色金属冶炼及压延加工	1 025 085.23
601608	中信重工	中信重工机械股份有限公司	专用设备制造业	924 212.50
601038	一拖股份	第一拖拉机股份有限公司	专用设备制造业	722 322.26
002601	龙蟒佰利	龙蟒佰利联集团股份有限公司	化学原料及化学制品制造业	642 152.75
600312	平高电气	河南平高电气股份有限公司	电气机械及器材制造业	621 331.38
000400	许继电气	许继电气股份有限公司	电气机械及器材制造业	463 130.57

表 C－17　2017 年湖北省无形资产总量 Top 10 企业

股票代码	股票简称	企业全称	所属行业	无形资产总量/万元
600079	人福医药	人福医药集团股份公司	医药制造业	1 691 116. 67
600801	华新水泥	华新水泥股份有限公司	非金属矿物制品业	1 456 646. 35
600498	烽火通信	烽火通信科技股份有限公司	计算机、通信和其他电子设备制造业	1 288 029. 64
600006	东风汽车	东风汽车股份有限公司	汽车制造业	1 205 901. 68
600141	兴发集团	湖北兴发化工集团股份有限公司	化学原料及化学制品制造业	1 106 620. 75
600566	济川药业	湖北济川药业股份有限公司	医药制造业	891 686. 65
002013	中航机电	中航工业机电系统股份有限公司	铁路、船舶、航空航天和其他运输设备制造业	700 605. 26
600745	闻泰科技	闻泰科技股份有限公司	计算机、通信和其他电子设备制造业	681 029. 43
600703	三安光电	三安光电股份有限公司	计算机、通信和其他电子设备制造业	576 140. 51
000422	湖北宜化	湖北宜化化工股份有限公司	化学原料及化学制品制造业	569 182. 10

表 C－18　2017 年湖南省无形资产总量 Top 10 企业

股票代码	股票简称	企业全称	所属行业	无形资产总量/万元
000157	中联重科	中联重科股份有限公司	专用设备制造业	2 746 854. 47
000932	*ST 华菱	湖南华菱钢铁股份有限公司	黑色金属冶炼及压延加工	1 887 091. 63
300433	蓝思科技	蓝思科技股份有限公司	计算机、通信和其他电子设备制造业	821 378. 66

续表

股票代码	股票简称	企业全称	所属行业	无形资产总量/万元
600458	时代新材	株洲时代新材料科技股份有限公司	橡胶和塑料制品业	732 130. 21
000908	景峰医药	湖南景峰医药股份有限公司	医药制造业	563 299. 00
600416	湘电股份	湘潭电机股份有限公司	通用设备制造业	485 220. 34
600478	科力远	湖南科力远新能源股份有限公司	电气机械及器材制造业	403 199. 52
600963	岳阳林纸	岳阳林纸股份有限公司	造纸及纸制品业	399 125. 84
600479	千金药业	株洲千金药业股份有限公司	医药制造业	384 304. 62
601636	旗滨集团	株洲旗滨集团股份有限公司	非金属矿物制品业	328 768. 96

表 C－19　2017 年广东省无形资产总量 Top 10 企业

股票代码	股票简称	企业全称	所属行业	无形资产总量/万元
002594	比亚迪	比亚迪股份有限公司	汽车制造业	6 708 921. 35
000651	格力电器	珠海格力电器股份有限公司	电气机械及器材制造业	6 660 865. 26
000063	中兴通讯	中兴通讯股份有限公司	计算机、通信和其他电子设备制造业	6 042 879. 01
000333	美的集团	美的集团股份有限公司	电气机械及器材制造业	5 386 176. 34
000039	中集集团	中国国际海运集装箱（集团）股份有限公司	金属制品业	3 949 641. 21
601238	广汽集团	广州汽车集团股份有限公司	汽车制造业	3 125 599. 03

续表

股票代码	股票简称	企业全称	所属行业	无形资产总量/万元
000066	中国长城	中国长城科技集团股份有限公司	计算机、通信和其他电子设备制造业	2 572 404.51
000999	华润三九	华润三九医药股份有限公司	医药制造业	2 453 811.52
002180	纳思达	纳思达股份有限公司	计算机、通信和其他电子设备制造业	2 247 183.38
600380	健康元	健康元药业集团股份有限公司	医药制造业	1 956 945.72

表 C-20　2017 年广西壮族自治区无形资产总量 Top 10 企业

股票代码	股票简称	企业全称	所属行业	无形资产总量/万元
000528	柳工	广西柳工机械股份有限公司	专用设备制造业	667 164.49
600252	中恒集团	广西梧州中恒集团股份有限公司	医药制造业	492 889.64
002329	皇氏集团	皇氏集团股份有限公司	食品制造业	383 909.88
000703	恒逸石化	恒逸石化股份有限公司	化学纤维制造业	381 152.12
002275	桂林三金	桂林三金药业股份有限公司	医药制造业	252 270.47
600249	两面针	柳州两面针股份有限公司	化学原料及化学制品制造业	224 306.00
601003	柳钢股份	柳州钢铁股份有限公司	黑色金属冶炼及压延加工	223 863.15
000911	南宁糖业	南宁糖业股份有限公司	农副食品加工业	220 770.76
000716	黑芝麻	南方黑芝麻集团股份有限公司	食品制造业	213 563.73
000806	银河生物	北海银河生物产业投资股份有限公司	电气机械及器材制造业	163 802.91

表 C-21 2017 年海南省无形资产总量 Top 10 企业

股票代码	股票简称	企业全称	所属行业	无形资产总量/万元
000572	海马汽车	海马汽车集团股份有限公司	汽车制造业	1 153 949.51
000657	中钨高新	中钨高新材料股份有限公司	有色金属冶炼及压延加工	340 388.82
000566	海南海药	海南海药股份有限公司	医药制造业	309 762.48
300086	康芝药业	康芝药业股份有限公司	医药制造业	136 888.78
600238	海南椰岛	海南椰岛（集团）股份有限公司	酒、饮料和精制茶制造业	112 111.10
002596	海南瑞泽	海南瑞泽新型建材股份有限公司	非金属矿物制品业	94 791.64
002693	双成药业	海南双成药业股份有限公司	医药制造业	59 372.48
000955	欣龙控股	欣龙控股（集团）股份有限公司	纺织业	50 996.21
002865	钧达股份	海南钧达汽车饰件股份有限公司	汽车制造业	34.16
300630	普利制药	海南普利制药股份有限公司	医药制造业	14.88

表 C-22 2017 年重庆市无形资产总量 Top 10 企业

股票代码	股票简称	企业全称	所属行业	无形资产总量/万元
000625	长安汽车	重庆长安汽车股份有限公司	汽车制造业	4 647 977.46
600129	太极集团	重庆太极实业（集团）股份有限公司	医药制造业	1 198 153.98
002004	华邦健康	华邦生命健康股份有限公司	化学原料及化学制品制造业	1 094 005.86
601005	*ST 重钢	重庆钢铁股份有限公司	黑色金属冶炼及压延加工	1 079 666.37

续表

股票代码	股票简称	企业全称	所属行业	无形资产总量/万元
601777	力帆股份	力帆实业（集团）股份有限公司	汽车制造业	781 521.67
600666	奥瑞德	奥瑞德光电股份有限公司	计算机、通信和其他电子设备制造业	511 916.72
603766	隆鑫通用	隆鑫通用动力股份有限公司	铁路、船舶、航空航天和其他运输设备制造业	453 182.99
600132	重庆啤酒	重庆啤酒股份有限公司	酒、饮料和精制茶制造业	362 999.01
300194	福安药业	福安药业（集团）股份有限公司	医药制造业	282 977.79
601127	小康股份	重庆小康工业集团股份有限公司	汽车制造业	273 655.44

表 C-23　2017 年四川省无形资产总量 Top 10 企业

股票代码	股票简称	企业全称	所属行业	无形资产总量/万元
000858	五粮液	宜宾五粮液股份有限公司	酒、饮料和精制茶制造业	3 052 888.63
600839	四川长虹	四川长虹电器股份有限公司	计算机、通信和其他电子设备制造业	2 837 342.01
600875	东方电气	东方电气股份有限公司	通用设备制造业	2 125 462.10
002422	科伦药业	四川科伦药业股份有限公司	医药制造业	1 239 989.46
000876	新希望	新希望六和股份有限公司	农副食品加工业	1 213 538.89
600438	通威股份	通威股份有限公司	农副食品加工业	725 506.95
000568	泸州老窖	泸州老窖股份有限公司	酒、饮料和精制茶制造业	656 075.17

续表

股票代码	股票简称	企业全称	所属行业	无形资产总量/万元
603077	和邦生物	四川和邦生物科技股份有限公司	化学原料及化学制品制造业	597 894.47
600528	中铁工业	中铁高新工业股份有限公司	专用设备制造业	494 509.33
600139	西部资源	四川西部资源控股股份有限公司	汽车制造业	468 556.38

表 C－24　2017 年贵州省无形资产总量 Top 10 企业

股票代码	股票简称	企业全称	所属行业	无形资产总量/万元
600519	贵州茅台	贵州茅台酒股份有限公司	酒、饮料和精制茶制造业	2 797 354.20
600594	益佰制药	贵州益佰制药股份有限公司	医药制造业	1 162 723.66
600765	中航重机	中航重机股份有限公司	通用设备制造业	511 012.47
002390	信邦制药	贵州信邦制药股份有限公司	医药制造业	458 769.34
002424	贵州百灵	贵州百灵企业集团制药股份有限公司	医药制造业	300 538.11
000589	黔轮胎 A	贵州轮胎股份有限公司	橡胶和塑料制品业	268 022.94
000733	振华科技	中国振华（集团）科技股份有限公司	计算机、通信和其他电子设备制造业	248 699.10
600523	贵航股份	贵州贵航汽车零部件股份有限公司	汽车制造业	218 209.56
002037	久联发展	贵州久联民爆器材发展股份有限公司	化学原料及化学制品制造业	205 340.70
002025	航天电器	贵州航天电器股份有限公司	计算机、通信和其他电子设备制造业	195 554.74

表 C－25　2017 年云南省无形资产总量 Top 10 企业

股票代码	股票简称	企业全称	所属行业	无形资产总量/万元
600096	云天化	云南云天化股份有限公司	化学原料及化学制品制造业	2 201 413. 97
000538	云南白药	云南白药集团股份有限公司	医药制造业	1 204 176. 14
000960	锡业股份	云南锡业股份有限公司	有色金属冶炼及压延加工	735 705. 10
300142	沃森生物	云南沃森生物技术股份有限公司	医药制造业	667 478. 66
600422	昆药集团	昆药集团股份有限公司	医药制造业	539 533. 59
000878	云南铜业	云南铜业股份有限公司	有色金属冶炼及压延加工	521 760. 14
000807	云铝股份	云南铝业股份有限公司	有色金属冶炼及压延加工	496 935. 10
600792	云煤能源	云南煤业能源股份有限公司	石油加工、炼焦及核燃料加工业	291 998. 86
600725	ST 云维	云南云维股份有限公司	石油加工、炼焦及核燃料加工业	282 232. 83
000903	云内动力	昆明云内动力股份有限公司	通用设备制造业	271 631. 31

表 C－26　2017 年西藏自治区无形资产总量 Top 8 企业

股票代码	股票简称	企业全称	所属行业	无形资产总量/万元
600873	梅花生物	梅花生物科技集团股份有限公司	食品制造业	684 744. 42
002653	海思科	海思科医药集团股份有限公司	医药制造业	274 608. 01
600211	西藏药业	西藏诺迪康药业股份有限公司	医药制造业	240 159. 10
002287	奇正藏药	西藏奇正藏药股份有限公司	医药制造业	196 627. 90

续表

股票代码	股票简称	企业全称	所属行业	无形资产总量/万元
002826	易明医药	西藏易明西雅医药科技股份有限公司	医药制造业	43 068.06
603669	灵康药业	灵康药业集团股份有限公司	医药制造业	41 254.45
000752	西藏发展	西藏银河科技发展股份有限公司	酒、饮料和精制茶制造业	12 965.94
002827	高争民爆	西藏高争民爆股份有限公司	化学原料及化学制品制造业	10 252.15

注：截至2016年12月，西藏自治区制造业中共8家A股上市公司，因此本报告只分析该8家上市公司无形资产数据。

表C－27　2017年陕西省无形资产总量Top 10企业

股票代码	股票简称	企业全称	所属行业	无形资产总量/万元
601179	中国西电	中国西电电气股份有限公司	电气机械及器材制造业	1 370 581.54
600893	航发动力	中国航发动力股份有限公司	铁路、船舶、航空航天和其他运输设备制造业	1 245 053.73
300116	坚瑞沃能	陕西坚瑞沃能股份有限公司	电气机械及器材制造业	686 117.06
000768	中航飞机	中航飞机股份有限公司	铁路、船舶、航空航天和其他运输设备制造业	674 394.99
601369	陕鼓动力	西安陕鼓动力股份有限公司	电气机械及器材制造业	394 298.38
601015	陕西黑猫	陕西黑猫焦化股份有限公司	石油加工、炼焦及核燃料加工业	237 476.09
601012	隆基股份	隆基绿能科技股份有限公司	非金属矿物制品业	228 349.24

续表

股票代码	股票简称	企业全称	所属行业	无形资产总量/万元
000837	秦川机床	秦川机床工具集团股份公司	通用设备制造业	194 476.65
600984	建设机械	陕西建设机械股份有限公司	专用设备制造业	147 028.10
600456	宝钛股份	宝鸡钛业股份有限公司	有色金属冶炼及压延加工	142 308.36

表 C-28　2017 年甘肃省无形资产总量 Top 10 企业

股票代码	股票简称	企业全称	所属行业	无形资产总量/万元
600307	酒钢宏兴	甘肃酒钢集团宏兴钢铁股份有限公司	黑色金属冶炼及压延加工	2 400 062.50
600720	祁连山	甘肃祁连山水泥集团股份有限公司	非金属矿物制品业	522 505.87
600516	方大炭素	方大炭素新材料科技股份有限公司	非金属矿物制品业	334 188.38
002219	恒康医疗	恒康医疗集团股份有限公司	医药制造业	268 557.11
002185	华天科技	天水华天科技股份有限公司	计算机、通信和其他电子设备制造业	262 574.87
600687	刚泰控股	甘肃刚泰控股（集团）股份有限公司	其他制造业	259 635.64
002145	中核钛白	中核华原钛白股份有限公司	化学原料及化学制品制造业	236 702.75
600192	长城电工	兰州长城电工股份有限公司	电气机械及器材制造业	186 267.04
000672	上峰水泥	甘肃上峰水泥股份有限公司	非金属矿物制品业	170 479.71
601212	白银有色	白银有色集团股份有限公司	有色金属冶炼及压延加工	138 386.36

表 C－29　2017 年宁夏回族自治区无形资产总量 Top 9 企业

股票代码	股票简称	企业全称	所属行业	无形资产总量/万元
600449	宁夏建材	宁夏建材集团股份有限公司	非金属矿物制品业	313 891.60
600165	新日恒力	宁夏新日恒力钢丝绳股份有限公司	金属制品业	214 505.11
000982	*ST 中绒	宁夏中银绒业股份有限公司	纺织业	209 269.25
600146	商赢环球	商赢环球股份有限公司	纺织服装、服饰业	199 911.73
000962	东方钽业	宁夏东方钽业股份有限公司	有色金属冶炼及压延加工	120 981.46
002457	青龙管业	宁夏青龙管业股份有限公司	非金属矿物制品业	82 063.84
000815	美利云	中冶美利云产业投资股份有限公司	造纸及纸制品业	76 947.64
000635	英力特	宁夏英力特化工股份有限公司	化学原料及化学制品制造业	73 948.23
000595	*ST 宝实	宝塔实业股份有限公司	通用设备制造业	63 882.36

注：截至 2016 年 12 月，宁夏回族自治区制造业中共 9 家 A 股上市公司，因此本报告只分析该 9 家上市公司无形资产数据。

表 C－30　2017 年青海省无形资产总量 Top 9 企业

股票代码	股票简称	企业全称	所属行业	无形资产总量/万元
000792	盐湖股份	青海盐湖工业股份有限公司	化学原料及化学制品制造业	789 382.79
600869	智慧能源	远东智慧能源股份有限公司	电气机械及器材制造业	727 293.31
600117	西宁特钢	西宁特殊钢股份有限公司	黑色金属冶炼及压延加工	497 194.49
002646	青青稞酒	青海互助青稞酒股份有限公司	酒、饮料和精制茶制造业	195 080.04

续表

股票代码	股票简称	企业全称	所属行业	无形资产总量/万元
600771	广誉远	广誉远中药股份有限公司	医药制造业	147 209.30
000606	神州易桥	神州易桥信息服务股份有限公司	医药制造业	144 512.03
600381	青海春天	青海春天药用资源科技股份有限公司	食品制造业	113 221.02
600243	青海华鼎	青海华鼎实业股份有限公司	通用设备制造业	111 915.34
000408	藏格控股	藏格控股股份有限公司	化学原料及化学制品制造业	56 292.55

注：截至 2016 年 12 月，青海省制造业中共 9 家 A 股上市公司，因此本报告只分析该 9 家上市公司无形资产数据。

表 C－31　2017 年新疆维吾尔自治区无形资产总量 Top 10 企业

股票代码	股票简称	企业全称	所属行业	无形资产总量/万元
600089	特变电工	特变电工股份有限公司	电气机械及器材制造业	1 884 216.73
002202	金风科技	新疆金风科技股份有限公司	通用设备制造业	1 424 429.10
002092	中泰化学	新疆中泰化学股份有限公司	化学原料及化学制品制造业	692 655.29
300159	新研股份	新疆机械研究院股份有限公司	铁路、船舶、航空航天和其他运输设备制造业	554 110.39
600737	中粮糖业	中粮屯河糖业股份有限公司	农副食品加工业	469 109.00
000877	天山股份	新疆天山水泥股份有限公司	非金属矿物制品业	459 446.18
600581	八一钢铁	新疆八一钢铁股份有限公司	黑色金属冶炼及压延加工	329 323.48

续表

股票代码	股票简称	企业全称	所属行业	无形资产总量/万元
002302	西部建设	中建西部建设股份有限公司	非金属矿物制品业	277 729.25
002100	天康生物	天康生物股份有限公司	农副食品加工业	242 738.59
000813	德展健康	德展大健康股份有限公司	医药制造业	221 207.22

参考文献

［1］中国科学技术发展战略研究院．国家创新指数报告2016—2017［M］．北京：科学技术文献出版社，2017.

［2］中国科学技术发展战略研究院．中国企业创新能力评价报告2016［M］．北京：科学技术文献出版社，2016.

［3］丁守海．托宾Q值影响投资了吗：对我国投资理性的另一种检验［J］．数量经济技术经济研究，2006，12：146－155.

［4］张思宁．用托宾Q值分析影响上市公司市场价值的若干因素［D］．中国人民银行金融研究所，2006.

［5］卢絮，刘平平，魏晨．沪深A股上市公司市值评估模型研究［J］．情报工程，2017，3（1）：99－107.

［6］Brynjolfsson E. Intangible assets［M］. Tokyo：Tuttle-Mori/CSK Corp，2004.

［7］Hall R E，Cummins J G，Lamont O A. E－Capital：The link between the stock market and the labor market in the 1990s［C］. Brookings Papers on Economic Activity，2000：73－118.

［8］Brynjolfsson E，Hitt L，Yang S. Intangible assets：Computers and organizational capital［J］. Brookings Papers on Economic Activity，2002（1）：137－181.

［9］Cummins J G. A new approach to the valuation of intangible capital［M］//Corrado C，Haltiwanger J，Sichel D. Measuring Capital in the New Economy. Chicago：The University of Chicago Press，2005. 47－72.

［10］Miyagawa T，Kim Y. Measuring organizational capital in Japan：An empirical assessment using firm - level data [J]. Seoul Journal of Economics, 2008, 21 (1): 171 - 193.

[11] Lev B, Radhakrishnan S. The valuation of organization capital [M] //Corrado C, Haltiwanger J, Sichel D. Measuring Capital in the New Economy. Chicago: The University of Chicago Press, 2005: 73 - 99.

[12] Hulten C R, Hao X. What is a company really worth? Intangible capital and the 'market to book value' puzzle [C]. NBER Working Paper No. 14548, 2008.

[13] Abowd J M, Haltiwanger J, Jarmin R, et al. The relation among human capital, productivity, and market value [M] //Corrado C, Haltiwanger J, Sichel D. Measuring Capital in the New Economy. Chicago: The University of Chicago Press, 2005: 153 - 203.

[14] Bloom N, Van Reenen J. Measuring and explaining management practices across firms and countries [J]. Quarterly Journal of Economics, 2007, 122 (4): 1351 - 1408.

[15] Görzig B, Görnig M. The dispersion in profits rates in germany: A result of imperfect competition? [C]. The 32nd General Conference of International Association for Research in Income and Wealth at Boston, USA, 2012.

[16] Corrado C, Hulten C, Sichel D. Intangible capital and US economic growth [J]. Review of Income and Wealth, 2009, 55 (3): 658 - 660.

[17] Miyagawa T, Takizawa M, Edamura K. Does the stock market evaluate intangible assets? An empirical analysis using data of listed firms in Japan [C]. RIETI Discussion Paper, 2013.

[18] 邵红霞，方军雄. 我国上市公司无形资产价值相关性研究：基于无形资产明细分类信息的再检验 [J]. 会计研究，2006 (12)：27 - 34.

[19] 胡一军，王飞. 我国高新技术企业无形资产与经营业绩相关性研究：基于无形资产明细分类的检验 [J]. 科技管理研究，2016 (3)：72 - 76.

[20] 财政部. 企业会计准则：无形资产 [M]. 北京：中国财政经济出版社，

2001，1.

［21］王斯松．知识经济条件下无形资产确认与计量改进探讨［D］．江西财经大学，2009.

［22］罗彬，何帆．我国无形资产确认与计量中相关问题研究［J］．会计之友，2014（24）：74－78.

［23］杨艳尊．现行无形资产准则存在的不足与修正方法的研究［J］．商场现代化，2016（3）：146－147.